Jutta Lammèr

Werken mit Naturmaterialien

Otto Maier Verlag Ravensburg

CIP-Kurztitelaufnahme der Deutschen Bibliothek

Lammèr, Jutta:
Werken mit Naturmaterialien / Jutta Lammèr.
[Zeichn.: Christel Claudius. Fotos: Manfred Bauer-Hamersen; Dietrich Weldt]. – Ravensburg: Maier, 1980.
(Ravensburger Ideenbuch)
ISBN 3-473-42463-3

© 1980 Otto Maier Verlag Ravensburg
Umschlagentwurf: Graph. Atelier, Otto Maier Verlag
unter Verwendung eines Fotos von Manfred Bauer-Hamersen
Zeichnungen: Christel Claudius, Hamburg
Fotos: Manfred Bauer-Hamersen Dietrich Weldt, (S. 62 u. 104)
Druck und Verarbeitung: Appl, Wemding
Printed in Germany

83 82 81 80   5 4 3 2 1

ISBN 3-473-42463-3

Inhalt

Baumstämme, Äste und Zweige

Der Wald als Materialspender

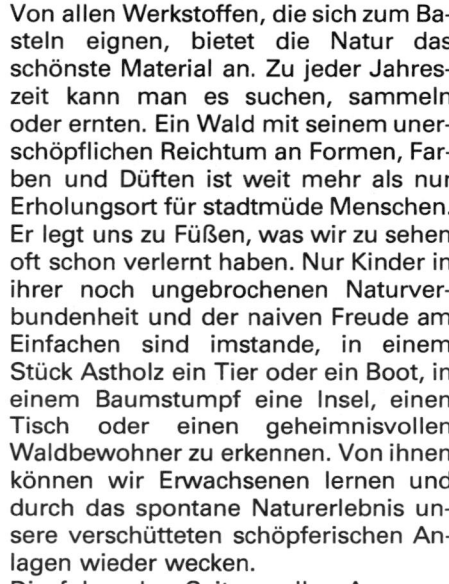

Von allen Werkstoffen, die sich zum Basteln eignen, bietet die Natur das schönste Material an. Zu jeder Jahreszeit kann man es suchen, sammeln oder ernten. Ein Wald mit seinem unerschöpflichen Reichtum an Formen, Farben und Düften ist weit mehr als nur Erholungsort für stadtmüde Menschen. Er legt uns zu Füßen, was wir zu sehen oft schon verlernt haben. Nur Kinder in ihrer noch ungebrochenen Naturverbundenheit und der naiven Freude am Einfachen sind imstande, in einem Stück Astholz ein Tier oder ein Boot, in einem Baumstumpf eine Insel, einen Tisch oder einen geheimnisvollen Waldbewohner zu erkennen. Von ihnen können wir Erwachsenen lernen und durch das spontane Naturerlebnis unsere verschütteten schöpferischen Anlagen wieder wecken.

Die folgenden Seiten sollen Anregungen zum Sehen, Finden und Verarbeiten von Material geben, das der Wald uns bietet: Baumstämme, Äste und Zweige.

Allerdings kann man nicht einfach nach Belieben in einem Wald Bäume fällen, Äste absägen oder Zweige brechen. Selbst trockenes Holz, Tannenzapfen, Eicheln und andere Baumfrüchte darf man in größeren Mengen nicht mitnehmen.

Bevor man Waldgut sammelt, muß man den zuständigen Förster, Verwalter oder Eigner des Waldes um Erlaubnis bitten. Durch Personalmangel im Forstbereich sind viele Wälder stellenweise stark verwuchert, so daß das Roden von privater Hand eher nützt als schadet, sofern es sich nicht um wertvolle oder geschützte Bestände handelt.

Dicke Stammabschnitte, Holzkloben und Baumstümpfe mit Wurzeln kann man auch häufig in Förstereien kaufen. Landwirte mit größerem Baum- und Heckenbestand sind erfahrungsgemäß oft sehr hilfsbereit, wenn man nach Bastelmaterial fragt.

Wichtig ist, daß man bei der Materialgewinnung stets selbst Hand anlegt, um den ganzen Prozeß von der Ernte bis zum fertigen Werkstück zu erleben. Als unsere Urväter sich die Erde untertan machten, hatten sie als wichtigstes und meist auch einziges Werkzeug ihre Hände. Es ist gut, sich darauf zu besinnen. Das bedeutet nicht, daß man auf jegliches Gerät zur Bearbeitung verzichten muß, man sollte jedoch versuchen, mit einfachem Werkzeug auszukommen. Beil, Baumsäge, einige Schnitzmesser, Stechbeitel, Holzhammer und Holzraspel – mehr braucht man nicht, um mit Bäumen, Ästen und Zweigen fertig zu werden.

Mit solchen einfachen Mitteln wurden auch die auf diesen Seiten gezeigten Figuren hergestellt, die von Forstgehilfen aus Norddeutschland geschnitzt und in Hamburgs Innenstadt zur Demonstration aufgestellt wurden. Wer in beengten Raumverhältnissen lebt, wird sich kaum mit so einem Klotz anfreunden können. Vielleicht findet sich aber ein Platz auf dem Hof, im Vorgarten oder auf der Gemeinschaftsanlage. Hier könnte man aus der Not eine Tugend machen und Mitbewohner zu einer gemeinsamen Wochenend-Schnitzaktion animieren.

Auch aus Ästen und Zweigen kann man vieles herstellen, dessen natürliche Wirkung durch den Materialcharakter bestimmt wird.

Ein großer Uhu, aus einem Baumstumpf geschnitzt. Diese Arbeit kann auch ein begabter Laie zustandebringen

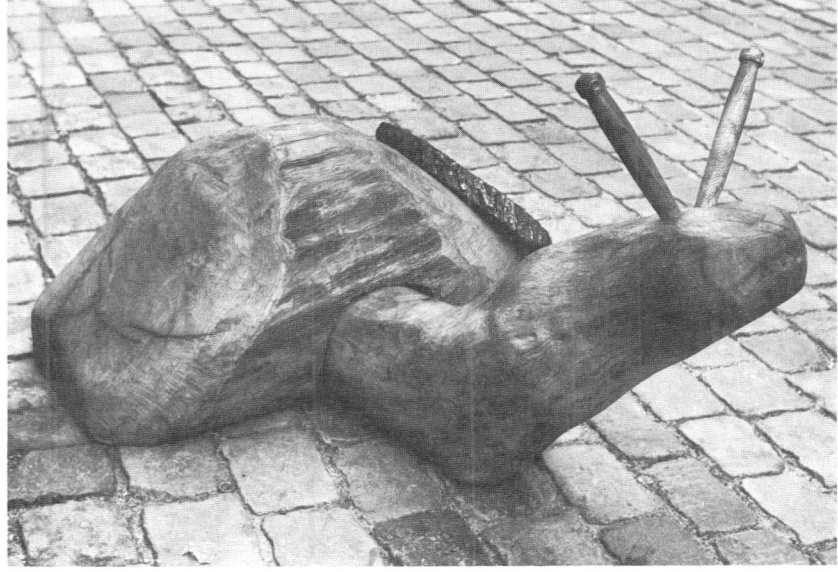

Auch diese Stadtschnecke, ein Kletterspielzeug für Kinder, wurde aus Baumstammabschnitten gesägt, behauen und geschliffen

Holzschuhe

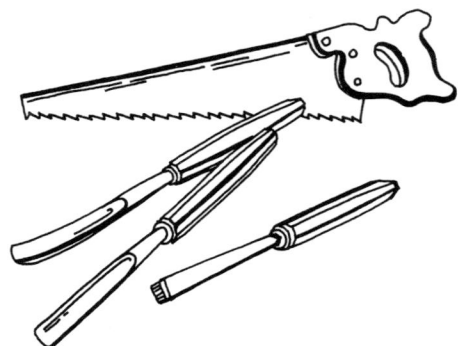

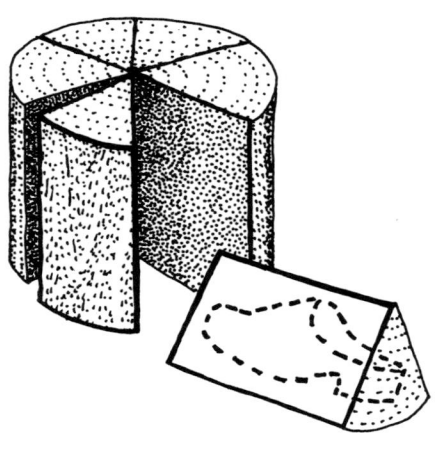

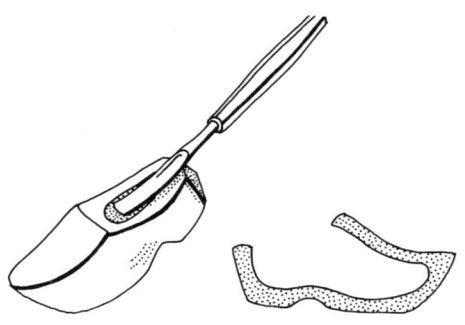

Wer einmal einem Holzschuhmacher zugeschaut hat, wird sich eher an diese Arbeit wagen als jener, der nur das fertige Produkt in Händen hielt.

Fast schien der Beruf des Holzschuhmachers ganz ausgestorben, jedoch gehen von der jüngeren Generation wieder Impulse für das einfache Leben und damit auch für zweckmäßige Fußbekleidung aus.

Neunzig Prozent aller Holzschuhe sind aus Pappelholz – zumindest in den Niederlanden, dem klassischen Land dieses Holzschuhtyps (in Schweden und Finnland trägt man vorwiegend Schuhe mit Unterteilen aus Holz und Oberteilen aus Leder). Gelegentlich werden Holzschuhe auch aus Weide gemacht. Dieses Holz hat den Vorteil, daß es wasserabstoßender ist.

Für den holzschuhschnitzenden Laien ist es am besten, wenn er weiches Holz nimmt, das sich leichter bearbeiten läßt, auch wenn die Lebensdauer der Holzschuhe etwas kürzer ist als bei den gebräuchlichen Holzarten.

Für ein Paar Holzschuhe braucht man zwei ca. 40 cm lange Holzkeile (s. Zeichnung). Aus einem entsprechend großen Stammabschnitt macht der Holzschuhmacher drei Paar Schuhe. Der Stamm wird mit einem Spaltkeil in sechs Stücke geteilt. Für den Laien ist das zu schwierig. Er ist besser dran, wenn er sich zwei etwa gleiche Holzscheite besorgt. An Werkzeug braucht man nur eine Säge oder ein kleines Beil, einen Stechbeitel, ein gerades und ein gekrümmtes, breites Hohleisen.

Man arbeitet zunächst grob die Umrisse, die man mit einem Bleistift anzeichnet, mit Säge oder Beil heraus (Zeichnungen). Danach wird zuerst die Lauffläche (Sohlenform mit Absatz) mit

dem Stechbeitel und dem geraden Hohlmesser geschnitzt. Dann wird die Innenfläche (das Fußbett) Span für Span ausgehoben. Die offene Hälfte des Holzschuhs ist noch verhältnismäßig einfach herauszuarbeiten. Schwieriger ist es mit dem Vorschuh. Um beide Hände bei der Arbeit mit dem gekrümmten Hohlmesser frei zu haben, spannt man das Werkstück entweder in einen Schraubstock oder befestigt es mit Zwingen am Arbeitstisch. Man kann sich auch einen sogenannten Schnitzbalken herstellen. Das ist eine dicke Holzbohle (Eisenbahnschwelle, Zaunpfahl o. ä.), die an einer der vier Längsseiten so abgeschrägt ist, daß man den zu bearbeitenden Holzschuh mit der Spitze abwärts neigend in Schrägstellung daran befestigen kann. Zum Befestigen schlägt man einfach zwei gestauchte Nägel (mit stumpfer Spitze) durch den bereits ausgehobenen hinteren Hackenteil des Holzschuhs in den Balken. Später zieht man die Nägel wieder heraus und dichtet die Löcher mit einem kleinen Span. Es gibt Holzschuhmacher, die den Schuh während des Aushebens zwischen den Knien halten, wieder andere stellen ihre Schuhe so auf den Werktisch, daß der Absatz an der Tischkante Halt findet; die meisten aber haben eine spezielle Spannvorrichtung.

Durch Anprobe stellt man fest, wann genügend Holz für das Fußbett abgetragen worden ist. Der Holzschuh soll locker am Fuß sitzen und so groß sein, daß man im Winter Stroh zum Warmhalten der Füße hineinlegen kann. Danach wird das Holz innen und außen mit Schleifpapier bearbeitet, dann mit Öl getränkt oder mit einem Holzschutzmittel gestrichen.

Nistkasten

Ein Nistkasten aus einem Stammabschnitt bietet Vögeln einen der Natur weitgehend angepaßten Unterschlupf

Wer die Natur liebt, sollte nicht nur Sträucher und Blumen pflegen, sondern auch an die Vögel denken, die in jedem Frühjahr Plätze für sich und ihre Nachkommenschaft suchen.

Für die in Höhlen nistenden Arten könnte man Kästen aufhängen, die man aus Abschnitten von einem Birkenstamm (oder einem anderen Baum) leicht selbst herstellen kann. Die Nistkästen müssen so beschaffen sein, daß sie sich zum Reinigen im Herbst leicht öffnen lassen. Auch sollte ein Nistkasten groß genug sein, um einer vielköpfigen Vogelfamilie genügend Raum zu bieten. Der Durchmesser der kreisrunden Öffnung richtet sich nach der Vogelart, die man bei sich ansiedeln möchte. Für Blau- und Sumpfmeisen beträgt er 27 mm, für Kohlmeisen, Kleiber, Rotschwänze und Fliegenschnäpper 32 mm. Das Schlupfloch eines Starkastens muß einen Durchmesser von mindestens 46 mm haben. Ein Nistkasten sollte etwa 25 cm hoch sein und einen Bodendurchmesser von ca. 18 cm haben.

Zum Aushöhlen des Stammabschnitts braucht man einen Stechbeitel und einen Holzhammer sowie ein breites gekrümmtes Hohleisen. Mit diesen Werkzeugen höhlt man den Baumstammabschnitt so weit aus, bis nur noch ca. 10 mm für Wandungen und Boden stehen bleiben. Dann markiert man in der oberen Hälfte das Schlupfloch, dessen obere Rundung ca. 6–7 cm von der oberen Kante des Nistkastens entfernt verläuft. Danach bohrt man innerhalb der Markierung ein Loch und sägt die Öffnung mit einer Stichsäge aus. Wer keine Stichsäge hat, kann das Schlupfloch ebenfalls mit den Schnitzwerkzeugen ausheben. Die obere Kante des Nistka-stens wird so abgeschrägt, daß das Dach aus einem 20 × 24 cm großen Holzbrett von 15 mm Stärke nach hinten abfällt. Auf der Rückseite des Nistkastens wird die Baumrinde etwas glattgeraspelt. Hier nagelt man eine ca. 40 cm lange Leiste, 4 cm breit, 15 mm stark, in Längsrichtung fest. An dieser Leiste wird mit einem Leder- oder Gummistreifen, der als Scharnier dient, das Dachbrett so befestigt, daß es fest über der Öffnung liegt. Mit der Leiste wird der Nistkasten genau senkrecht mindestens 2,50 m hoch an einem Baum, Pfahl oder einer Wand befestigt, und zwar mit der Öffnung nach Osten oder Südosten.

Kästen, die mit dem Schlupfloch zur Wetterseite zeigen, werden von Vögeln selten angenommen. Der neue Nistkasten sollte vor dem Anbringen gut ausgetrocknet sein und gegen Feuchtigkeit außen durch einen Anstrich mit einem Holzschutzmittel (Gori-Holzschutz z. B.) geschützt werden.

In jedem Herbst nimmt man den Nistkasten wieder ab. Das alte Genist wird entfernt, denn in ihm überwintern viele Parasiten, die sich im nächsten Jahr sofort auf die anfliegenden Vögel stürzen würden. Außerdem würde der Kasten durch das Genist mehrerer Jahre auch für eine Vogelfamilie zu eng werden.

Wem das Aushöhlen des hier beschriebenen Nistkastens zu schwierig erscheint, der kann sich auch eines Tricks bedienen, indem er den Stammabschnitt in Längsrichtung einmal durchtrennt (mit Säge, Beil oder Keil und Hammer). Nach dem Aushöhlen und Aussägen des Schlupflochs werden die Teile wieder sorgfältig mit einem wetterfesten Außenkleber zusammengesetzt.

Winterfutterplatz für Vögel

Ein offenes Futterhäuschen mit bemoostem oder begrüntem Dach kann einem guten Zweck dienen und zugleich ein Blickfang im Garten sein

In der kalten Jahreszeit, wenn die Nahrungssuche für die in unseren Regionen zurückgebliebenen Vögel durch Bodenfrost und Schnee besonders erschwert wird, sollte man draußen trockene Futterplätze anlegen. Nicht nur die Meisen, denen man in Talg eingelassenes Körnerfutter in die Baumäste hängt, bedürfen unserer Fürsorge. Auch die anderen Vogelarten sollten gehegt und gefüttert werden.

Ein nach allen Seiten offenes Futterhäuschen ist schnell gebastelt: auf eine Bodenplatte werden vier dicke Astabschnitte als Säulen genagelt, auf die Säulen kommen vier Leisten, die ein Rechteck bilden. Danach nagelt man vorn und hinten je ein Giebeldreieck an, auf dem das aus zwei gleichen Brettchen oder mehreren gleichen Leisten bestehende schwach geneigte Dach ruht. Um die Bodenbegrenzung nagelt man rundherum ca. 2 cm breite Leisten, um zu verhindern, daß das Futter über den Rand gescharrt wird. Diese Leisten kann man an den beiden Längsseiten so nach vorn verlängern, daß man vor dem Futterhäuschen noch eine Sitzstange aus einem Rundstab anbringen kann. Das fertige Futterhaus wird mit Schleifpapier bearbeitet und anschließend mit einem Holzschutzmittel gestrichen. Wenn man das Dach mit Maschendraht (sog. Hühnerdraht) bespannt, kann man Erde auftragen und es begrünen.

Als Träger für das Haus dient ein etwa 160 cm langer Baumstammabschnitt von beliebigem Durchmesser, jedoch nicht dünner als 15 cm. Dieser Stamm wird in ein ca. 40 cm tiefes Bodenloch eingelassen, mit schweren Steinen umlegt und dann wieder mit Sand und Erde bedeckt. Das Erdreich muß fest angetreten werden, damit der Stamm sicher steht. In den Boden des Futterhäuschens werden in Dreieckanordnung drei Löcher gebohrt. Durch diese Löcher befestigt man das Haus mit Messingschrauben (damit nichts rostet) am Stamm. Dabei legt man zwischen Boden-Unterseite und Stamm mehrere Unterlegscheiben aus Messing, um zu verhindern, daß sich dort Feuchtigkeit ansammelt. Damit streunende Katzen sich nicht an die fressenden Vögel heranmachen können, umwickelt man den Baumstamm am unteren Ende, etwa 20 cm vom Boden entfernt, mit mehreren Runden Stacheldraht.

Zum Ausstreuen nimmt man am besten ein Spezial-Körnerfutter aus einer Zoohandlung, das so gemischt ist, daß verschiedene Vogelarten die von ihnen bevorzugte und benötigte Nahrung erhalten. Niemals Brotreste, Haferflocken oder andere Speisereste auslegen! Auch Futtermischungen für Stubenvögel sind ungeeignet.

Es ist ratsam, den Futterplatz zwischendurch häufiger zu reinigen. Sinnlos dagegen ist es, den Boden des Hauses etwa mit Heu oder Stroh abzudecken, denn die Vögel sollen dort ja nur fressen und nicht nisten.

Wanderstab

Manche Bäume können sich nicht entwickeln, weil ihr Stamm von einer Schlingpflanze umwunden ist, die ihn buchstäblich erwürgt. Oft sind die Baumkronen verkümmert oder bereits abgestorben. Die Schlingpflanze hat tiefe Narben in den Stamm gedrückt, die dem Holz aber eine interessante Struktur geben. Aus einem dünnen Stamm, dessen Rinde man abschält, kann man einen Wanderstab herstellen, vorausgesetzt, daß das Holz noch genügend Feuchtigkeit enthält. Trockenes Holz würde rasch brechen.

Oft findet man dünne Bäume, deren Stamm von einer Schlingpflanze buchstäblich erwürgt wird. Die Krone ist meistens abgestorben oder gar nicht entwickelt

Ein Zufallsprodukt ist auch eine solche Heugabel, wie auf dem Foto unten gezeigt. Man sucht einen starken, möglichst geraden Ast mit mehreren Abzweigungen. Die Zweige, deren Anordnung sich für eine Heugabel eignen, läßt man stehen und kürzt sie, die anderen schneidet man heraus. Das Holz wird geschält, geschliffen und mit Einlaßgrund behandelt, nachdem man es drei Tage trocknen ließ. In Spanien und Süditalien werden bestimmte Baumarten von vornherein so an ein Gitter gebunden, daß sie Gabelform erhalten.

Heugabel

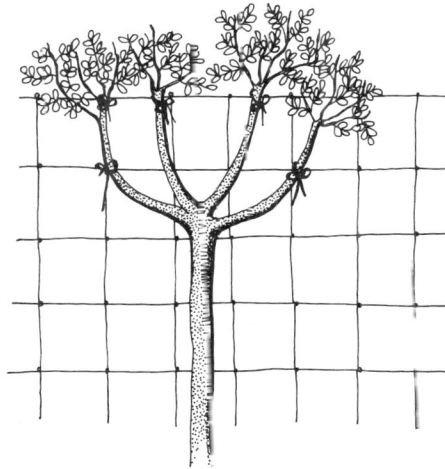

Eine solche Heugabel ist meistens ein Zufallsprodukt. In südlichen Ländern hilft man der Natur etwas nach, indem man die Zweige junger Stämme an ein Gerüst bindet

13

Männchen aus Astholz

Die Zeichnung links zeigt, wo die Löcher für die Verbindungen in das Astholz gebort werden, rechts ist dargestellt, wie die Teile zusammengefügt werden müssen

Die Astholzabschnitte, aus denen das kleine Männchen vom Foto rechts hergestellt werden kann, sind leicht zu beschaffen. Man kann verschiedene Stükke im Wald sammeln (ohne Genehmigung) und sie dann zuhause mit einer kleinen Bügelsäge oder einer Laubsäge in folgende Abschnitte zerteilen: 5 cm für den Kopf, 2 Scheiben von je 1 cm Stärke für die Füße, 2 Abschnitte je 7,5 cm für die Arme, 4 Stücke je 5,5 cm für die Beine und ein 6,5 cm langes Stück für den Körper. Kopf und Füße haben einen Durchmesser von 3,5 cm, Arme und Beine von 1,5 cm und der Rumpf hat einen Durchmesser von 4 cm. Dies sollen nur Richtwerte für die Proportionen sein. Man kann auch lange dünne oder kurze dicke Männchen machen mit kleinerem oder größerem Kopf. So ein Männchen soll ein Zufallsprodukt und keine exakte Bastelarbeit sein. Außer dem Holz braucht man noch etwas Bindfaden und zwei Schraubhaken, die nicht zu schwach sein sollten. An Werkzeug braucht man einen Drill- oder Nagelbohrer, eine Kneif- oder Flachzange und die bereits erwähnte Säge. Wenn man das Astholz schälen möchte – was aber nicht nötig ist –, braucht man auch noch ein Küchen- oder Taschenmesser.

Die Zeichnung unten links zeigt, wie die Löcher zu bohren sind. Ist der Bohrer nicht lang genug, um die Löcher für Arm- und Beinfäden durch den Körper zu bohren, arbeitet man von beiden Seiten aus und stößt den Rest eventuell mit einem Vorstecher oder Nagel durch. Die Verbindungslöcher zwischen Kopf und Körper, in die die Schraubhaken eingedreht und mit der Zange zu Ösen zugebogen werden, dürfen nicht gebohrt werden. Man sticht sie nur mit einem kleinen Nagel vor.

Die Zeichnung unten rechts zeigt, wie die Astabschnitte zusammengebunden werden, damit daraus ein Männchen entsteht. In den Kopf kann man noch einen kleinen Pflock als Nase einleimen.

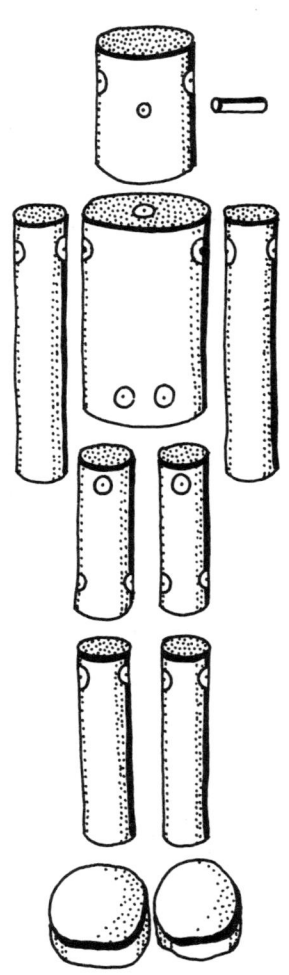

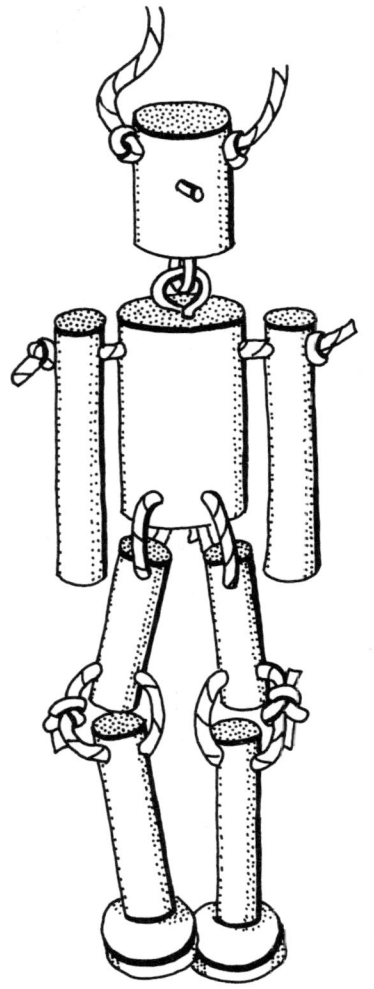

Korb aus Weidengeflecht

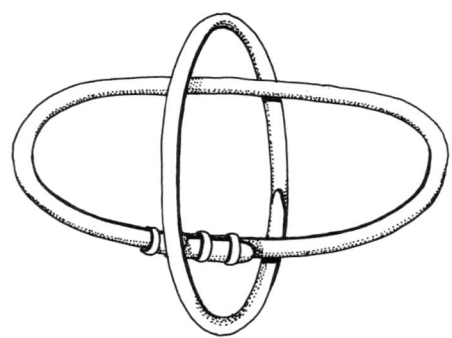

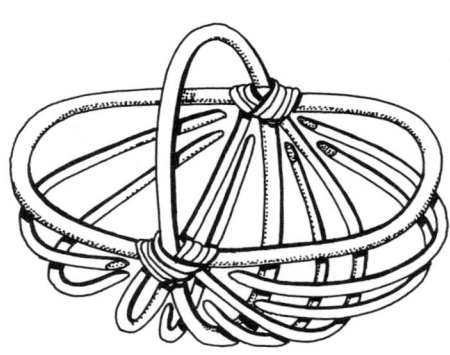

Weiden kommen sowohl als Bäume wie auch als Sträucher vor. Korbflechter verwenden spezielle Arten, die in besonderen Weidenkulturen gezogen werden. Für einen Laien genügt Material von einer gewöhnlichen Weide, wie auf dem Foto rechts gezeigt. Die Weidenruten werden grün, d. h. vor der Blüte geerntet und ungeschält sofort verarbeitet. Hat man keine Gelegenheit, sie sofort zu verwenden, wickelt man sie in einen feuchten Sack, lagert sie im Keller oder in einer Garage und begießt das Sackbündel von Zeit zu Zeit, damit es nicht trocknet. Trockene grüne Weiden müssen vor der Verarbeitung 14 Tage lang eingeweicht werden.

Für den Korb vom Foto rechts, dessen Form man „Schwinge" nennt, braucht man zunächst zwei Weidenringe von unterschiedlicher Größe. Der größere Ring entspricht dem oberen Korbumfang, der kleinere bildet Henkel und Mittelboden (Zeichnung links oben). Diese Ringe formt man am besten um einen Baumstamm herum, um die Rundung gut herauszubekommen. Die Weidenruten, die das Korbgerüst bilden, müssen ziemlich kräftig – etwa so stark wie ein kleiner Finger – sein. Man schrägt sie an den Enden so ab, daß die Schnittflächen sich ca. 5–6 cm lang überlappen, macht zwei kleine Kerben am Anfang und am Ende der Überschneidungen und bindet die Ringform mit Bast zusammen. Der Bast muß gut feucht sein, damit er sich dehnt. Später beim Trocknen zieht er sich wieder zusammen und sitzt dann besonders fest. Sind beide Ringe fertig, steckt man sie so ineinander, wie auf der Zeichnung links oben zu sehen, und umflicht die Kreuzungspunkte mit einer schwächeren Rute, wobei man mit dem dünnen

Ende beginnt. Man flicht, wie es die Zeichnung und das Foto links zeigen, und zwar so viele Windungen wie die Gerte lang ist. Das Ende läßt man auf beiden Seiten hängen. Es wird später mit umflochten. Das Gerüst des Korbes besteht nicht nur aus Rand- und Henkelring, sondern aus halbkreisförmig gebogenen Weidengerten, die man Staken nennt. Die ersten Staken werden auf beiden Seiten rechts und links vom Henkel in das erste Geflecht eingeschoben. Man flicht mit dünner Gerte hin und her, und zwar im einfachen Auf-und-ab-Rhythmus wie beim Weben oder Stopfen. Dabei beginnt man auf jeder Seite für sich links neben dem Henkel und flicht nach rechts, windet die Gerte ein- oder zweimal um den Rand (je nach Stärke der Gerte: Anfang

16

oder Ende der Rute) und flicht wieder zurück. Dann werden weitere Staken in das Geflecht geschoben, so wie es die Zeichnung links zeigt. Man flicht weiter wie begonnen, vom Henkel abwärts auf die Mitte am Boden zu. Um größere Lücken zu vermeiden, windet man die Gerte gelegentlich zweimal um die dikke Mittelstake, die oben den Henkel bildet. Zum Ausgleich kann man auch zwischendurch dünnere Weidenruten einflechten. Während der Arbeit muß das Geflecht ständig fest zusammengeschoben werden. Korbflechter haben dazu ein spezielles Flechteisen. Man kann sich als Laie mit der spitzen Seite eines Schlosserhammers behelfen.
Das Flechten mit Weide erfordert viel Fingerkraft. Leichter ist es, wenn man nur das Stakengerüst aus Weide macht und zum Durchflechten Binsen nimmt.

Ruten von einer Weide, wie links gezeigt, eignen sich gut zum Flechten von Körben. Eine einfache Korbform ist die Schwinge, wie sie unten gezeigt wird. Anstelle der Ruten kann man auch Binsen in das Weidengerüst einflechten

Einfache Küchengeräte wie
Untersetzer, Quirl und Schaumbesen
lassen sich mit wenigen Hilfsmitteln
leicht aus Naturmaterial herstellen

Untersetzer und Küchengerät aus Astholz

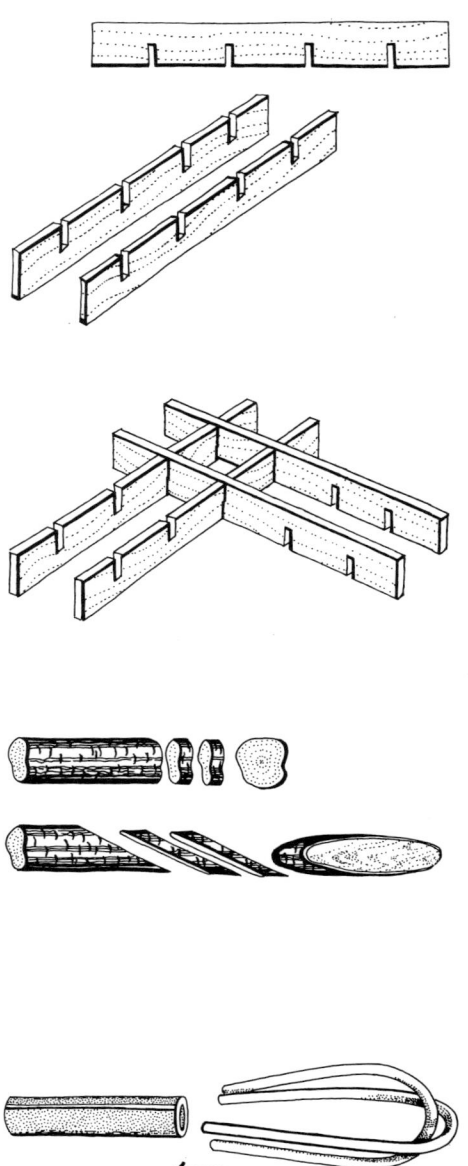

Aus Astholzscheiben lassen sich schöne einfache Untersetzer herstellen. Für den quadratischen Untersetzer vom Foto rechts muß man einen Unterbau aus Leisten zusammenleimen. Die Größe des Leistengerüstes hängt vom Durchmesser der Astabschnitte ab. In dem gezeigten Fall beträgt er 3,5 cm. Man braucht 8 Leistenabschnitte zu je 14 cm Länge, die 15 mm breit und 4 mm stark sein sollten. Die Leisten werden an einer Kante mit jeweils 4 Einschnitten versehen, die der Holzstärke knapp entsprechen (s. Zeichnung oben links). Lieber die Einschnitte etwas schmaler machen und mit Schleifpapier nacharbeiten. Die Länge der Einschnitte entspricht der Hälfte der Leistenbreite, hier also 7,5 mm. Die acht Leisten werden so ineinandergeleimt (Weißleim, z. B. Ponal), wie es die zweite Zeichnung links zeigt. Auf die Kreuzungspunkte leimt man anschließend je einen ca. 5 mm starken Astabschnitt.

Der runde Untersetzer ist einfacher zu basteln, jedoch braucht man als Untergrund für die Holzplättchen eine größere runde Holzscheibe (man kann auch ein Quadrat oder Rechteck als Grundform verwenden). Auf das Holz werden die Astabschnitte von der Mitte ausgehend einfach aufgeleimt. Man kann dabei zwischen runden und ovalen Scheiben wählen. Runde Scheiben entstehen, wenn man die Sägeschnitte genau senkrecht ausführt, ovale, wenn man schräg sägt (s. Zeichnung links). Wichtig ist bei beiden Untersetzern, daß die Holzscheiben vor dem Aufleimen trocken sind, sonst hält der Kleber nicht. Außerdem würde das Holz noch zu sehr arbeiten und den trockenen Unterbau mit verziehen.

Der kleine Quirl wurde aus einem ausgedienten Weihnachtsbaum, einer kleinen Fichte gemacht. Bei Nadelbäumen sind die vom Stamm abgehenden Zweige oft sternförmig angeordnet, so daß sie sich zur Herstellung dieses kleinen Küchengeräts geradezu anbieten. Man schneidet aus dem Baum das entsprechende Stammstück mit den Zweigen heraus, kürzt die Zweige und schält die Rinde sauber ab. Danach schleift man das Holz, und der Quirl ist fertig. Man sollte darauf achten, daß der Stammabschnitt, der den Stiel bildet, gerade ist. Bei gekrümmtem Stiel arbeitet der Quirl nicht richtig.

Der Schaumbesen wurde nicht aus heimischem Baummaterial hergestellt. Sein Stiel besteht aus einem Bambusrohrabschnitt, seine Krone aus Peddigrohr, wie man es zum Flechten von Körben verwendet. Bambus kann man in Bastelgeschäften, Samenhandlungen und Zoohandlungen kaufen, Peddigrohr in Geschäften für Hobbybedarf.

Die beiden Peddigrohrabschnitte, die mindestens 5 mm stark sein sollten, müssen jeweils 40 cm lang sein. Man weicht das Rohr in Wasser ein, damit es geschmeidig wird, jedoch nur in der Mitte. Die Enden, die in den Bambusgriff eingeleimt (z. B. mit Ponal-Weißleim) werden, müssen trocken bleiben. Am besten geht es, wenn man um die Mitte ein nasses Tuch wickelt und das Bündel über Nacht liegen läßt. Der Bambusabschnitt für den Griff sollte etwa 11 cm lang sein und einen Innendurchmesser von 1 cm haben. Die Peddigrohrstäbe werden so gebogen und in den Griff geleimt, wie es die Zeichnung unten links zeigt.

Baumruine

Teile einer angeschwemmten Baumwurzel können durch ihre ausgewaschene Farbe und ihre bizarren Formen ein interessantes Sammel- und Dekorationsstück sein

Nicht nur im Wald findet man Baumwurzeln und Teile von abgestorbenen Bäumen. Auch an Stränden liegen gelegentlich dicke Brocken von Bäumen, die von Steilufern ins Meer gestürzt sind und an flache Ufer angeschwemmt wurden. Sie sind meistens sehr stark ausgewaschen und das Holz hat durch Witterungseinflüsse eine silbriggraue Farbe bekommen. Es lohnt sich, solche Findlinge genauer zu betrachten und vielleicht sogar ihre Art und ihren möglichen ehemaligen Standplatz zu analysieren.

Selten wird man eine so große Baumruine mitnehmen können, aber das Holz ist meistens so morsch, daß man größere Stücke herausbrechen und sich dann zuhause eine Weile an den bizarren Formen erfreuen kann. Durch geringfügige Bearbeitung lassen sich Teile von solchen Findlingen in Tiere oder Fabelwesen verwandeln.

Holunder

Der Holunder, in norddeutschen Regionen oft auch als wilder Flieder bezeichnet, kommt am häufigsten in Strauchform vor. Es gibt aber auch Holunderbäume, die eine stattliche Größe erreichen können, wie das Foto unten zeigt. Aus getrockneten Holunderblüten kann man Tee brauen, der heilende Wirkung haben soll. Aus den frischen Beeren, die im August ihre Erntereife erreichen, läßt sich ein kräftiger schmackhafter Saft pressen, der – heiß getrunken – bei Erkältungskrankheiten und Fieber Linderung bringt. Die noch unreifen grünen Beeren werden gern von Kindern als kleine Geschosse verwendet, die sie durch ein Blasrohr pusten. Dieses Rohr liefert ebenfalls der Holunder mit seinen Zweigen, aus denen man das weiche Mark herauslösen kann (Foto rechts). Ein Blasrohr wiederum ist die Voraussetzung für eine Flöte, deren Herstellung auf den folgenden Seiten beschrieben wird.

Der Holunder ist nicht nur eine Augenweide. Seine Blüten ergeben heilsamen Tee, seine Beeren lindernden Saft bei Krankheiten und aus seinen Ästen kann man Flöten machen

Flöten aus Holunderzweigen

Holunderzweige zum Schnitzen von Flöten werden vor der Blüte oder nach der Beerenernte geschnitten, es sei denn, man findet einen abgebrochenen Zweig. Die Vogelflöte rechts unten wurde aus dem Grundmodell eines Schweizer Kunsthandwerkers weiterentwickelt

Man sollte stets versuchen, sein Material aus Abfall zu gewinnen, das heißt, einen abgestorbenen oder abgebrochenen Zweig zu verwenden. Nur in der Not kann man einen frischen Zweig schneiden. Das muß entweder vor der Blüte oder nach der Beerenernte geschehen – also im Frühjahr oder im Herbst ab Ende August. Für eine Blockflöte braucht man einen etwa 27 cm langen Abschnitt von einem Zweig, der einen Durchmesser von mindestens 2 cm hat. Zuerst wird das Mark entfernt, damit aus dem Rundholz ein Rohr entsteht. Am Anfang kann man das Mark noch mit einem spitzen Messer herausholen, zur Mitte hin (man arbeitet von beiden Enden aus) muß man sich eines kleinen Hilfsgeräts bedienen. Dazu bindet man einen Nagel mit großem flachen Kopf so an einen Holz- oder Drahtstab, daß der Kopf voran zeigt. Mit diesem Nagelkopf lockert man durch Drehbewegungen das Holundermark und kratzt es heraus.

Dann schabt bzw. schält man mit einem Taschen- oder Küchenmesser die Rinde ab. Nun muß ein massives Stück Rundholz (Tanne, Fichte, Birke o. ä.) gesucht werden, das nach dem Schälen wie ein Korken genau in die obere Flötenöffnung paßt. Es soll ca. 2 cm lang sein. An einer Stelle wird die Rundung abgeflacht, indem man mit dem Messer einen Span abträgt. Dieses Rundholzstück wird so weit in die Flötenöffnung geschoben, daß es oben glatt abschließt. Die Abspaltung bildet den Luftkanal. Unterhalb dieses eingesetzten Pflocks wird die Flöte mit zwei etwa 5 mm breiten Einschnitten versehen, die 15 mm voneinander entfernt waagerecht verlaufen müssen. Zwischen diesen Einschnitten ritzt man mit dem Messer zwei senkrechte Verbindungslinien ein, so daß ein Rechteck entsteht, das man sorgfältig herausschneidet. 6 Grifflöcher werden in gleichmäßigen Abständen vorgebohrt und mit dem Messer kreisrund nachgeschnitten. Zum Schluß sägt man das obere Ende der Flöte schräg ab (s. auch Zeichnungen S. 118).

22

Besen aus Birkenreisig

Einen strapazierfähigen einfachen Hofbesen kann man sich aus Reisig zusammenbinden. Am gebräuchlichsten sind Haselnuß- oder Birkenzweige. Während der Frühjahrsstürme und auch im Herbst werfen Birken viel Holz ab, so daß man nicht unbedingt Holz vom Baum schneiden muß. Es schadet aber keiner Birke, wenn sie gelegentlich gründlich „ausgeputzt" wird, wie man das Auslichten nennt. Es eignet sich nur weiches elastisches Material. Getrocknete Reiser brechen beim Fegen zu leicht ab. Die Reiser werden mit den dicken Enden zu einem größeren Bündel zusammengefaßt, gut festge-

Einfache Hof- und Stallbesen werden auch heute noch von den Bauern aus Birkenreisig hergestellt

drückt und mit nassem Hanfbindfaden stramm umwickelt. Man umwickelt das Bündel an zwei bis drei Stellen. Trocknet der nasse Faden, zieht er sich zusammen, so daß die Bindung noch fester wird. Die überstehenden dicken Enden werden mit einem Beil auf die gleiche Länge gebracht. Man kann auch eine Säge dazu nehmen. Den Besenstiel macht man aus einem möglichst geraden, dicken Astabschnitt. Natürlich könnte man auch einen vorgefertigten gekauften Besenstiel nehmen. Der Stiel wird an einem Ende angespitzt und einfach in die Mitte des Reisigbündels geschoben. Er sitzt ohne Halterung.

Birken müssen von Zeit zu Zeit ausgelichtet werden. Eine gute Gelegenheit, Material zum Besenbinden zu gewinnen

Die Birkenreiser werden alle in die gleiche Richtung gelegt und an den Enden in gleicher Länge zusammengefaßt

Das Reisigbündel von etwa doppelter Armstärke wird an zwei Stellen mit Hanfschnur oder Draht fest umwickelt. Die überstehenden Enden hackt man mit dem Beil ab

Rechts: Nicht nur auf dem Bauernhof, sondern auch in Keller oder Garage kann ein selbstgemachter Reisigbesen gute Dienste tun

Wandhaken und Halsketten

Selbst aus kleineren Astabschnitten und -gabeln kann man noch etwas basteln: Garderobenhaken für drinnen und draußen oder einfache Halsketten

Walnuß-, Haselnuß-, Wacholder- oder Birkenastgabelungen eignen sich besonders gut zur Herstellung einfacher Wandhaken. Man benötigt dazu Astabschnitte, bei denen wenigstens zwei Zweige in gleicher Höhe ansetzen. Holz unter und über diesen Ansatzpunkten sägt und schleift man ab. Die Wandhaken vom Foto rechts sind 13 cm lang, die Zweige, die die Aufhängevorrichtung bilden, haben eine Ausladung von 4 cm. Die Astabschnitte werden auf der Rückseite abgeflacht, so daß sie glatt an der Wand sitzen. Zum Festschrauben versieht man sie mit je einem Bohrloch an jedem Ende. Man kann das geschälte Holz roh belassen oder, wie hier geschehen, mit Holzbeize behandeln. Sollen die Haken draußen angebracht werden, ist es ratsam, sie mit einem Holzschutzmittel zu streichen.

Beliebiges Material kann man für die Halsketten, die zum Teil mit Glasperlen kombiniert wurden, verwenden. Die Kette in der Mitte wurde aus einem fingerdicken abgebrochenen Fichtenzweig gearbeitet. Zuerst wurde der Zweig sorgfältig entnadelt, gereinigt und geschält. Es empfiehlt sich, bei dieser Arbeit eine Schürze und Handschuhe zu tragen, weil Nadelhölzer oft sehr harzig sind. Anschließend wurde das Holz mit farblosem Bodenwachs eingerieben und poliert, danach in 21 Abschnitte zu je 2 cm zersägt (kleine Bügel- oder Laubsäge). 10 Abschnitte wurden in Längsrichtung, die restlichen quer durchbohrt und dann abwechselnd auf einen braunen Baumwollfaden aufgereiht. Es empfiehlt sich, den Baumwollfaden vor der Verarbeitung durch Wachs oder Stearin zu ziehen, damit er nicht so schnell aufrauht. Zwischen jeweils zwei Holzstückchen sitzt

ein Knoten. Die Kette wird im Nacken einfach mit den Fadenüberständen zugebunden. Die rechte Kette besteht aus kleinen Holzscheiben von dünneren Zweigen, in Gruppen aufgereiht, mit farbigen Perlen wechselnd. Die Löcher bohrt man vor dem Zersägen in den Zweig und schneidet dann jeweils so viele Scheiben ab, wie der Bohrer erfaßt hat. Danach bohrt man erneut und schneidet die nächste Scheibengruppe ab. Zum Aufziehen wurde schwarzer gewachster Zwirn genommen.

Die Holzperlen der linken Kette wurden nicht einzeln geschnitzt, sondern am laufenden Stock. Man macht zunächst in gleichmäßigen Abständen ringförmige Einkerbungen über die ganze Stocklänge. An diesen Stellen wird der Stab später in einzelne Perlen zersägt. Vorher werden die Zwischenräume zwischen zwei Einkerbungen so beschnitten, daß sie zu den Einkerbungen hin abfallen und eine perlenähnliche Rundung entsteht. Wer es besonders schön machen möchte, kann die Perlenstücke noch zusätzlich mit Schnitzereien verzieren, das ist jedoch recht mühsam. Nach den Vorarbeiten wird der Stab in einzelne Stücke zersägt, die nun sorgfältig durchbohrt werden müssen. Ein kleiner Nagelbohrer reicht für diese Arbeit. Manchmal kann man sogar das weiche Mark mit einem Nagel herausstoßen. Zum Schluß werden die Holzperlen auf einen gewachsten Zwirnsfaden aufgezogen. Zur Belebung der Kette kann man entweder Glasperlen in Gruppen dazwischensetzen oder zwischen jeweils zwei Holzperlen einen Fadenknoten machen.

Geheimnisvoller Baum

Wie ein Bonsai-Baum, einer jener klein-gezüchteten großen Bäume aus Fern-ost, sieht dieses bizarre Gewächs aus. Es hat den großen Vorteil, daß es we-der gegossen noch gedüngt werden muß. Es wächst nicht mehr weiter, und die Gefahr, daß es eingeht, ist ebenfalls gering. Es handelt sich bei diesem baumähnlichen Gebilde um weiter nichts als die Wurzel einer etwa 1,20 m hohen Fichte. Damit das Bäumchen gut in der flachen Schale steht, wurde der Stamm auf ein Brett genagelt, das Brett dann mit Steinen beschwert.

Dieser kleine Baum birgt ein Geheimnis: wie ist er entstanden? Er braucht weder Wasser noch Erde, wächst nicht und verwelkt nicht, und jeder kann ihn besitzen

Baumrinde und Bast

Baumrinde

Das, was auf der vorhergehenden Seite wie ein ausgehöhlter Baumstamm aussieht, ist die ringförmig abgetrennte Rinde einer Korkeiche, auf dem Foto rechts als ganzer Baum zu sehen. Besonders in Portugal werden seit Jahrhunderten Wälder mit Korkeichen angelegt und kultiviert. Der Kork ist eines der wichtigsten landwirtschaftlichen Güter dieses Landes. Eine Korkeiche kann mehrere hundert Jahre alt werden. Mit der Zeit wird der Stamm jedoch unförmig und knorrig – nicht zuletzt hervorgerufen durch die Wunden, die ihm beim unachtsamen Schälen seiner Rinde zugefügt wurden. 15 Jahre muß ein Baum alt sein, bevor man den Stamm zum ersten Mal schälen kann. Danach dauert es bis zur nächsten Gewinnung wieder 9 Jahre. Um die Rinde abzulösen, werden am ganzen Stamm waagerechte und senkrechte Einschnitte gemacht und die Rindenstücke dann als Rechtecke abgehoben. Die nach Maserung und Porigkeit sortierten Platten kommen gebündelt zur Weiterverarbeitung und Veredelung in Spezialbetriebe. Dort wird jenes Material produziert, das als Flaschenkorken in der Getränkeindustrie, als Schwimmkorken in der Fischerei, als Dichtungen im Maschinenbau- und Sanitärbereich, als Platten für Wand und Boden oder als Bastelmaterial Verwendung findet.

Viele Korkbauern haben früher aus Korkplatten feine Reliefs geschnitzt mit religiösen oder weltlichen Darstellungen. In manchen Familien findet man noch Kunstwerke dieser Art. Jedoch wird der Brauch heute kaum mehr gepflegt.

Anders in Fernost. Dort hat die Korkschnitzerei ebenfalls eine lange Tradition, die sich bis heute erhalten hat.

Links: Alte Korkschnitzerei eines portugiesischen Bauern. Solche Arbeiten waren früher Tradition in allen Korkbauer-Familien

Unten: Teilansicht der rechts abgebildeten Korkschnitzerei aus Taiwan. In Fernost lebt die Tradition der Korkschnitzerei bis auf den heutigen Tag fort, während in Portugal kaum ein jüngerer Korkbauer noch diese Kunst beherrscht

Rundes Kork-Tablett

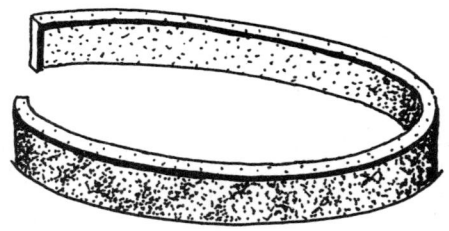

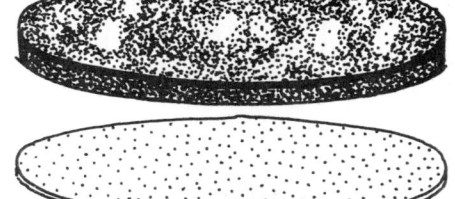

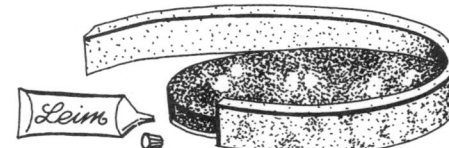

Ein kleines rundes Tablett aus Kork ist sehr praktisch: es ist leicht, feuchtigkeitsbeständig und nahezu rutschfest. Zudem kann ein solches Tablett in der richtigen Umgebung ein kleines Schmuckstück sein.

Man braucht zum Nacharbeiten eine 30 × 30 cm große dickere Korkfliese (Untersetzer, Set, Wandbelag) und eine Korkfliese von gleicher Stärke in einer Kontrastfarbe oder -maserung, die mindestens 25 × 25 cm groß oder rechteckig (mindestens 12 × 25 cm) sein sollte. Außerdem benötigt man eine runde Hartfaserplatte mit 27 cm Durchmesser (man kann die Platte auch größer oder kleiner wählen und die anderen Maße entsprechend abwandeln). Diese Platte läßt man sich am besten im Heimwerkerladen oder beim Holzhändler maßgerecht zuschneiden. Zum Schneiden von Kork nimmt man ein Kartonmesser, zum Kleben Weißleim (z. B. Ponal). Zuerst markiert man auf dem großen Korkquadrat die Umrisse der runden Hartfaserplatte. Man legt den Kork dann auf mehrere Lagen Zeitungen und schneidet die Rundung mit dem Kartonmesser zügig aus. Dabei wird das Kartonmesser genau senkrecht gehalten, so daß eine gerade abfallende Schnittkante entsteht.

Aus dem kleineren Kork-Quadrat oder -Rechteck schneidet man die 2,5 cm breiten Randstreifen. Je nach Länge der vorhandenen Platte muß man drei oder vier Streifen schneiden, die aneinandergesetzt genau um den Boden herum reichen. Die Schnittkanten an den Ansatzstellen müssen exakt gerade verlaufen, so daß man sie auf Stoß zusammenkleben kann. Da Kork sehr elastisch ist, brauchen diese Schnittstellen nicht von außen nach innen abgeschrägt zu werden. Sind alle Teile sauber ausgeschnitten, setzt man sie probeweise mit Klebstreifen zusammen. Auf die rauhe Seite der Hartfaserplatte wird nun der runde Korkboden geklebt. Man streicht dazu beide Flächen dünn und gleichmäßig mit Weißleim ein. Mit einem schweren Gegenstand belastet muß die Arbeit einige Stunden – am besten über Nacht – trocknen. Anschließend wird der Rand außen um den Doppelboden geklebt. Die Ansatzstellen der einzelnen Streifen müssen fest zusammengeschoben werden. Auch diese Klebstellen müssen während des Trocknens in Form gehalten werden. Man erreicht das durch Umwickeln der unteren Randkante – aber nur in Bodenstärke – mit einem breiteren Stoffstreifen (Verband) oder Tesakrepp in mehreren Runden.

Leicht, handlich und rutschfest ist ein Tablett aus Korkmaterial. Man kann den Kork unterschiedlich dunkel beizen

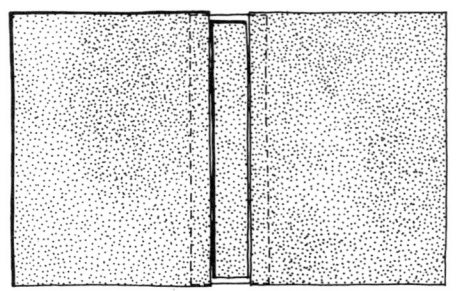

Notizbuch und Kerzenhalter

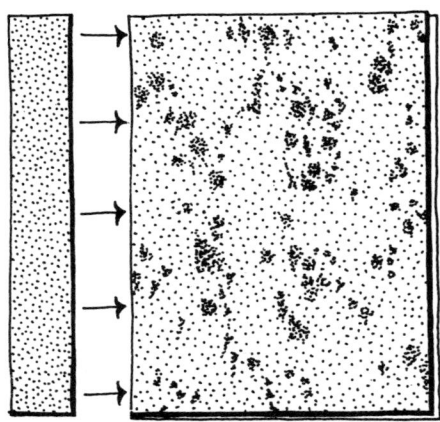

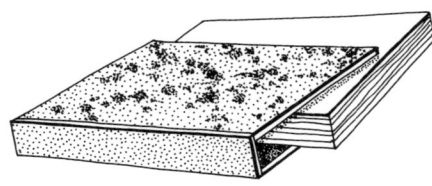

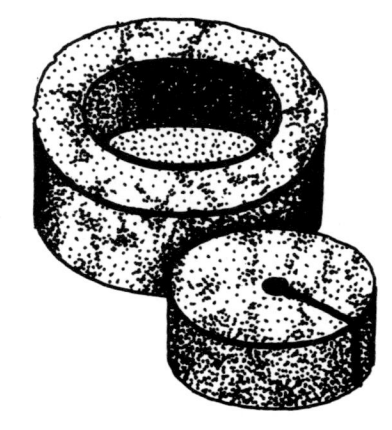

Aus einer handelsüblichen Korkfliese kann man einen schönen griffigen Umschlag für ein Notizbuch machen. Die Größe richtet sich nach dem vorhandenen Notizbuch, das man in billiger Ausführung vorher kauft. Es muß gebunden und nicht nur geheftet sein, so daß es einen etwas breiteren Rücken hat. Von diesem Buch werden die Deckel mit einem scharfen Messer sauber abgetrennt. Einer davon dient als Schnittmuster für vier gleiche Korkteile, die nun auszuschneiden sind. Man kann bei dünneren Korkfliesen mit einer großen Schere arbeiten, braucht also kein spezielles Kartonmesser dazu. Es empfiehlt sich, für diese Arbeit eine Korksorte mit feinen Poren zu wählen, weil sich auch kleine Flächen sehr exakt daraus schneiden lassen. In Länge und Breite des vorhandenen Buchrückens müssen zwei weitere Korkstreifen zugeschnitten werden. Außerdem braucht man noch einen Streifen aus farblich passendem Baumwollstoff (Baumwollband), der genau so lang, jedoch doppelt so breit ist wie ein Rückenstreifen. Mit Alleskleber (z. B. Pritt) oder Weißleim (Ponal) klebt man zwei der vier Korkplatten so auf den Stoff, daß in der Mitte ein Streifen frei bleibt, der etwas breiter ist als ein Buchrücken-Korkstreifen. Danach dreht man die Arbeit auf die andere Seite und klebt, deckend mit den ersten beiden, die anderen Platten auf. Den Mittelstreifen aus Stoff beklebt man anschließend auf beiden Seiten mit den schmalen Korkstreifen. Wenn der Kleber durchgetrocknet ist, wird das Notizpapier mit dem Rücken (gebundene Kante) innen auf den Mittelstreifen geklebt. Es ist wichtig, daß dieser Korkstreifen zuvor besonders fest aufgeklebt wurde. Will man statt des Notizbuchs einen Block einfügen, so klebt man ihn einfach mit seiner Papprückseite innen am hinteren Umschlagdeckel fest.

Kerzenhalter für Windlichter kann man mit Hilfe einer Laubsäge aus runden Schwimmkorken machen, wie sie bei Schiffsausrüstern zu haben sind. Man markiert auf einem solchen Korken den Umriß der Aluminiumhülle des Teelichtes, steckt das Laubsägeblatt durch das vorhandene Mittelloch und sägt das kreisrunde Stück heraus. Das geht ganz leicht. Unter den entstandenen Korkring klebt man kräftigen braunen Karton und setzt das Teelicht ein. Man kann auch einfach flüssig gemachtes Kerzenwachs um einen Docht direkt in den Kerzenhalter gießen, muß dann jedoch unbedingt die ganze Form mit Alufolie auskleiden.

Kork ist ein vielseitig verwendbares Material, wie auf dem Foto rechts zu sehen. Man kann Dinge daraus herstellen, die von bestechender Schlichtheit sind

Blumengefäß oder Papierbehälter

Grundmaterial dieses korkbeschichteten Behälters, den man entweder für Trockenblumen oder Abfallpapier benutzen kann, ist eine große zylindrische Blechdose. Solche Dosen bekommt man bei Lebensmittelhändlern oder Supermärkten gratis. Sie stammen von Kleingebäck, Gurken oder Würstchen. Die Dose wird sauber ausgewaschen und getrocknet. Am besten stellt man sie ins Freie, besonders dann, wenn ihr noch der Geruch des ehemaligen Inhalts anhaftet. Anschließend bearbeitet man den oberen Rand mit einer kleinen Eisenfeile, so daß alle Metallgrate entfernt werden und die Kante entschärft ist. Bei Dosen, die einen Druckdeckel hatten, ist der Rand meistens glatt gefalzt, so daß man ihn nicht zusätzlich bearbeiten muß. Das saubere, trockene Gefäß wird danach innen mit brauner Farbe angestrichen. Man kann dazu einen Rest Lackfarbe oder sogenannte Dispersionsfarbe nehmen. Zwei dünne Anstriche sind haltbarer als ein dicker. Zum Bekleben der Außenseite des Behälters eignet sich Korktapete am besten, die es im Tapetenhandel und in Geschäften für Heimwerkerbedarf gibt. Man klebt sie mit einfachem Tapetenkleister (z. B. Metylan) so auf das Blech, daß die Schnittkanten sich nicht überlappen, sondern nur zusammenstoßen. Ist keine Korktapete aufzutreiben, kann man sie auch selbst herstellen. Man benötigt dazu zwei bis drei Beutel (je nach Größe der zu beklebenden Fläche) Korkspäne – das sind hauchdünn geschnittene Plättchen, die es im Hobbyhandel billig gibt – und einen Tapetenrest. Die Tapete wird mit der Musterseite nach innen um das Gefäß geklebt. Darauf klebt man mit Tapetenkleister die einzelnen Korkplättchen dicht nebeneinander. Will man in das fertige Gefäß einen Trockenblumenstrauß stellen, ist es ratsam, es bis zur Hälfte mit trockenem Sand zu füllen.

Aus solchen Schwimmkorken, wie man sie einzeln an Fischerstränden finden oder in Mengen beim Schiffsausrüster kaufen kann, lassen sich Kerzenhalter, wie auf Seite 39 gezeigt, herstellen. Man kann auch mehrere zu einer Matte zusammenbinden oder -kleben

Eine große Blechdose, etwas Farbe, ein Stück Korktapete und Kleber – mehr braucht man nicht, um ein solches Gefäß, das als Blumen- oder Papierbehälter dient, herzustellen

Bast

Die Fasern, die bei einigen Baumarten zwischen Stamm und Borke sitzen, nennt man Bast. Bei unseren heimischen Bäumen (Linde und Weide) sind diese Fasern jedoch so kurz, daß man sie nur begrenzt verwenden kann. Obwohl Jute, Hanf, Flachs und Ramie auch zu den Bastfasern zählen, denkt man bei Bast mehr an jenes Material, das früher vorwiegend in der Gärtnerei verwendet wurde. Es handelt sich dabei – wie auch bei dem für die Vorschlä-

ge auf den folgenden Seiten verwendeten Material – um den geschmeidigen gelben Raffiabast, der hauptsächlich aus Madagaskar kommt. Er wird gewonnen aus den Blattrippen der Raffiapalme. Man kann Bast zu vielerlei Flecht-, Web- und anderen Handarbeiten verwenden. Vor der Verarbeitung feuchtet man ihn an, das heißt, man schlägt ihn in ein feuchtes Tuch ein. Ist der Bast sehr dünn, genügt es, die Finger bei der Arbeit anzufeuchten.

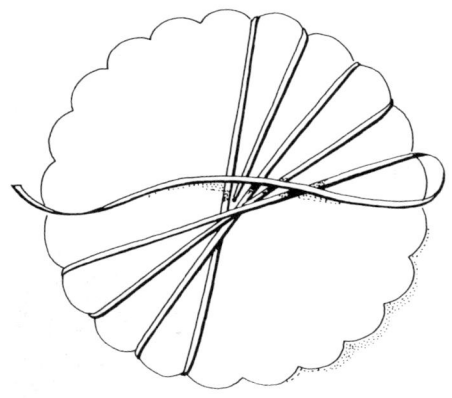

Vorhang aus Bastrosetten

Ein Sommervorhang an einer Außentür, wie man ihn häufig in wärmeren Gegenden findet, ist nicht nur dekorativ, sondern er hält auch Fliegen, Mükken und andere Fluginsekten fern. Der Vorhang auf dem Foto rechts ist sehr leicht und besteht aus einzeln gefertigten Bastrosetten, die man einfach, wie bei Zwirnsternen, um eine am Rand ausgebogte Pappscheibe wickelt (Zeichnung links oben). Die Pappscheibe muß in der Größe den vorgesehenen Rosetten entsprechen. Bei dem gezeigten Modell beträgt ihr Durchmesser 14 cm. Am besten fertigt man vorher aus Papier eine Schablone in Kreisform an, faltet diese mehrfach so zusammen, daß das Papierbündel Keilform hat und schneidet an der oberen Kante eine Bogenform. Die Umrisse des auseinandergefalteten Papierkreises zeichnet man dann auf Karton und schneidet ihn danach aus. In das Ende eines ange-

feuchteten Baststranges macht man zu Beginn eine Knotenschlaufe, die sich später wieder aufziehen läßt. Dann sticht man von der Unterseite der Pappe mit einer dicken Nadel durch die Mitte und führt den Faden zum ersten Bogen aufwärts, links herum zum gegenüberliegenden Bogen abwärts, links herum wieder aufwärts zum folgenden Bogen usw. Man arbeitet im Uhrzeigersinn, bis alle Bögen umwunden sind. Dann durchnäht man die Mitte, führt den Faden wieder durch das Loch in der Pappe und verknotet ihn dort mit dem Anfang. Danach wird der Rand unterhalb der Bögen so durchnäht, wie es die Zeichnung links unten zeigt. Die Rosetten werden von der Pappe genommen und mit Bastfäden aneinandergenäht, wobei man Anfangs- und Endfaden verknotet und mit einem Tupfer Alleskleber sichert, sobald der Bast trocken ist.

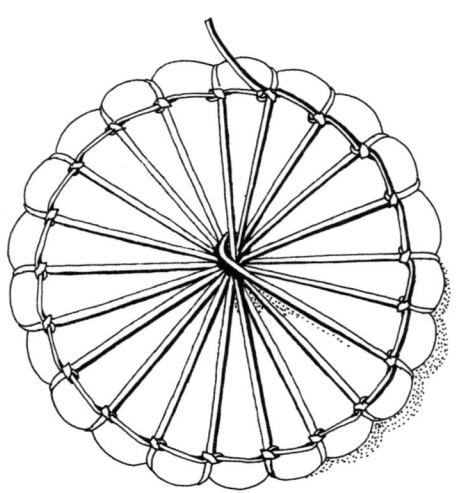

Fenster-Rosette aus Bast

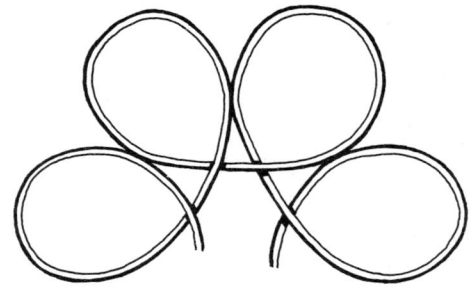

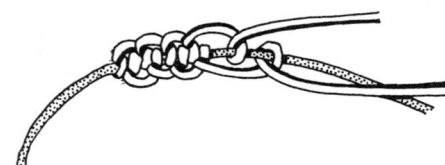

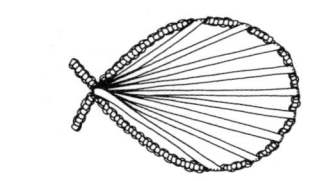

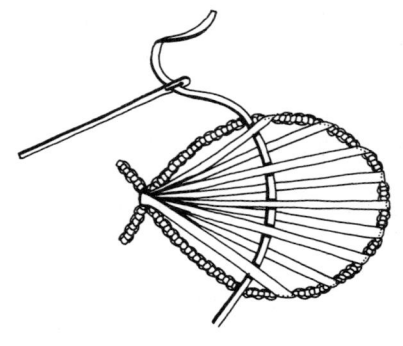

Sehr dekorativ ist eine kunstvoll gestaltete Rosette, wie sie auf dem Foto rechts gezeigt wird. Sie besteht aus einem Drahtgerüst, das mit Bastfäden umschürzt wurde. Zwischen den einzelnen Bogenformen wurden dann Fäden gespannt und so durchstopft, daß diese Stopfwebereien ein eigenes Muster bilden. Bei der Rosette vom Foto sind es abwechselnd Fächer- und Sternformen. Zum Nacharbeiten benötigt man eine Rolle Silber- oder Messingdraht, den es in Bastel- und Hobbyläden gibt. Es handelt sich dabei um versilbertes bzw. vermessingtes Material, das nicht sehr teuer ist. Wichtig ist, daß der etwa 1 mm starke Draht nicht rostet. Außer dem Draht braucht man etwa drei Pakkungen Naturbast von bester Qualität (sogenannten Raffiabast) in Naturfarbe und eine dicke Straminnadel (ohne Spitze). Die Größe der Rosette kann man selbst bestimmen.

Man formt zuerst einen größeren Drahtring für die Grundform, den man einfach durch Umwickeln mit Bast an den sich überlappenden Enden schließt. Der Bast muß gut durchfeuchtet sein, damit er durch das Zusammenziehen nach dem Trocknen den Draht fest umschließt. Das gilt für die ganze Arbeit. Aus einem weiteren langen Drahtabschnitt (erst formen, dann abschneiden) biegt man eine Reihe großer Bögen, die man so zum Kreis formt, daß sie um den Ring herum angeordnet eine geschlossene Runde ergeben. Auch hier werden zunächst Anfang und Ende des Drahtes und dann auch die Kreuzungspunkte mit Bast zusammengebunden. Nun muß das ganze Drahtgerüst umschürzt werden. Dabei arbeitet man mit zwei Fäden zugleich von links nach rechts. Der Bastfaden wird

mit seiner Mitte so um den Draht geknotet, daß beide Enden gleich lang sind. Dann führt man zuerst mit dem linken Faden eine Schlinge aus, die den Draht umschließt, danach mit dem rechten (s. Zeichnung links). So arbeitet man weiter, bis alle Bögen und der Drahtring umschürzt sind. Kommt man dabei an einen Kreuzungspunkt, wird die provisorische Bastbindung gelöst und durch eine beide Drähte umfassende Schlingenfolge ersetzt. Hat man den Mittelring für die Rosette etwa tellergroß gemacht (wie auf dem Foto), muß man auch noch für die Innenform des Ringes eine Rosette aus sechs kleineren Bögen formen und umschürzen, wie beschrieben. Der Ring wird mit der Innenrosette und dem äußeren Bogenkranz verbunden, indem man die Teile mit Bast durch die Schlingen hindurch zusammennäht. Zum Ausfüllen der Bögen werden nun Bastfäden gespannt und anschließend durchstopft. Die Zeichnungen links unten zeigen den Vorgang für die Fächerform. Bei der Sternform spannt man die Fäden spinnennetzartig so, daß sie sich in der Mitte überschneiden und durchstopft sie strahlenförmig von der Mitte aus. Zum Verlängern knotet man einfach das Ende des alten Fadens mit dem neuen Faden zusammen.

Solche Rosetten, auch als Obstschalen gestaltet, waren in den frühen Zwanziger Jahren als Madeira-Arbeit bekannt und sehr beliebt

45

Tasche aus farbigem Bast

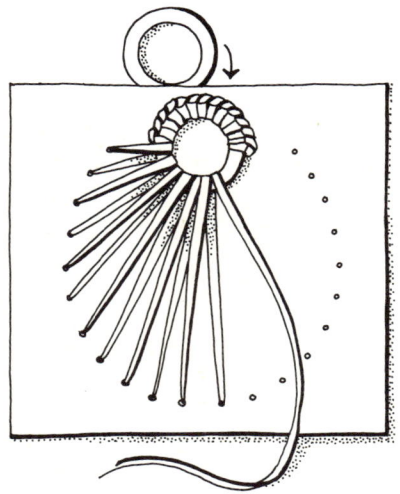

Bast gibt es in vielen Farben zu kaufen. Möchte man eine Tasche in eigener Farbkomposition herstellen, so muß man den Bast selbst einfärben. Das geht ganz einfach mit herkömmlichen Textilfarben. Bast läßt sich nämlich kochen wie Baumwolle. Vor dem Einlegen in die kochende Farbflotte (nach Anweisung auf der Farbenpackung vorbereitet) muß der Bast etwa eine halbe Stunde in heißem Wasser weichen, damit die Faserporen sich öffnen und genügend Farbe aufnehmen können. Nach dem Färben – der Bast muß etwa 10 Minuten lang im Farbbad bleiben – spült man so lange mit Wasser nach, bis es klar abläuft. Besonders weich und mattglänzend wird das Material, wenn man dem letzten Spülwasser etwa 1% Glyzerin zufügt und den Bast darin eine Stunde liegen läßt.

Die Tasche arbeitet man wie folgt: Auf ein Stück Zeichenkarton, das größer als die gewünschte Tasche sein muß, zeichnet man den Umriß der ovalen Form (breit oder länglich) und markiert auf dieser Linie Punkte in Abständen von einem halben Zentimeter (s. Zeichnung links). Zwei kleine Gardinenringe aus Kunststoff oder Holz, die einen Innendurchmesser von etwa 2 cm haben sollten, werden jeweils bis zur Hälfte mit einfachen Schlingstichen umnäht. Einen Ring heftet man vorn, den anderen auf die Rückseite der Pappe (s. Zeichnung). Von der linken Seite des vorderen Ringes ausgehend (mit einer Fadenschlaufe beginnen, die später gelöst und deren Ende verstopft wird) spannt man nun den in eine Stopfnadel gefädelten Faden hinunter bis zum ersten Punkt. Hier sticht man durch die Pappe und führt den Faden auf der Rückseite aufwärts zum zweiten Ring. Der Faden wird zweimal um den Ring gewunden und dann wieder abwärts durch das nächste Loch nach vorn und weiter nach oben zum Ring geführt. So arbeitet man fortlaufend, bis alle Punkte durchstochen und alle Fäden gespannt sind. Der Endfaden muß sorgfältig vernäht werden. Ebenso der neue Anfangsfaden, mit dem, auf einer Seite am Ring beginnend, die Spannfäden wie bei der Weberei durchstopft werden. Man arbeitet in Hin- und Rückreihen, wobei stets um den jeweils äußeren Seitenfaden gewendet wird. Ist die eine Seite fertig, wird die Arbeit umgedreht und die zweite Taschenhälfte durchstopft. Die einzelnen Reihen müssen ganz dicht zusammengeschoben werden. Außerdem muß man darauf achten, daß der Faden beim Wenden (Hin- und Rückreihenwechsel) weder zu straff noch zu locker angezogen wird. Hat man den Endfaden gut verstopft, reißt man sorgfältig die Pappe ab. Die Tasche ist damit fertig, man braucht nur noch eine Griffschlaufe aus einem geflochtenen Bastzopf anzubringen.

Blätter und Blüten

Konservierte Natur

Jahrhunderte alte Herbarien in Museen und neuzeitliche Sammlungen von Pflanzen sind Versuche, die Natur in ihrer ursprünglichen Schönheit und Vielfalt zu konservieren

Den alten Traum vom ewigen Leben überträgt der Mensch auch auf Pflanzen. Ein herbstbelaubter Baum in der Mittagssonne mit seiner unvergleichlichen Farbenvielfalt weckt in jedem Naturfreund den Wunsch, diese Pracht zu erhalten. Sammlungen von Herbarien in Museen legen Zeugnis davon ab, auf welche Weise man seit Jahrhunderten versucht, diesen Traum zu verwirklichen. Die Legende sagt, daß Chloris, die Tochter des Königs von Theben, die erste war, die Blumen konservierte, indem sie sie zwischen zwei Stoffstücken preßte. Aus der Geschichte weiß man, daß die Mumie Ramses II. um den Hals einen Kranz aus getrockneten Blüten trug.

Der erste, der ein Herbarium zu Studienzwecken anlegte, war im 15. Jahrhundert der schlesische Bischof Thomas von Sarpenta.

Nach der Erfindung und Verbreitung des Papiers wurde besonders in Italien das Herbarieren gepflegt. Der Botaniker Caesalpinus schenkte seinem Gönner, dem Großherzog der Toskana, ein „Liber ex plantis", ein Buch mit Pflanzen. Bis zum 18. Jahrhundert gab es noch kein bestimmtes System, Pflanzen zu ordnen und zu katalogisieren. Erst Carl von Linné, ein schwedischer Naturforscher, versah alle bis dahin bekannten Pflanzen mit Doppelnamen – ähnlich wie Vor- und Zunamen –, die sich in bestimmte Gruppen einteilen und artverwandten Pflanzen zuordnen ließen. Linné hinterließ ein Herbar von damals unvergleichlichem Umfang, das seine Familie für 1000 Pfund an einen wohlhabenden Engländer verkaufte. Diese Sammlung ist heute in London bei der Linnean Society zu bewundern. Im holländischen Museum von Leiden befin-

det sich ein Herbarium aus dem 17. Jahrhundert des Holländers Vossius. Die getrockneten Pflanzen sind in gezeichneten Vasen arrangiert.

In Frankreich, zur Zeit Ludwigs XV., besaß in den Kreisen um den Hof des Königs fast jeder ein kleines „Naturalienkabinett". Vielfach waren Blätter von Bäumen nicht wie üblich auf Papier oder Pergament angeordnet, sondern auf den dazugehörigen Baumrindenstücken oder auf Moos. Marie-Antoinette, Diderot, Voltaire und Rousseau beschäftigten sich ausgiebig mit dem Sammeln und Bestimmen von Pflanzen. Das Herbarium von Jean-Jacques Rousseau – 15 rotgebundene Sammelmappen mit jeweils 7–10 Blatteinlagen – befindet sich im Naturhistorischen Museum von Paris. Eines der interessantesten Herbarien behütet das Koopmanshuis-Museum im holländischen Franeker. Es umfaßt 158 als Bücher getarnte Holzkästchen. Die rechte Hälfte jedes Kästchens enthält auf Moos gebettete Teile von Bäumen oder Sträuchern: Blätter, Blüten, Früchte und Zweige. In der linken Kastenseite wird das Sammelgut genauestens beschrieben. Der Kastenrücken ist als Buchrücken mit der jeweils dazugehörenden Baumrinde kaschiert.

Alexander von Humboldt brachte von einer Forschungs-Weltreise 4500 Pflanzen mit, die er katalogisierte. Der größte Teil dieser Sammlung wird in Paris aufbewahrt. Etwa ein Fünftel befindet sich, zusammen mit dem Herbarium seines Freundes Leopold von Buch in Berlin, im Dahlemer Museum. Dort ist auch ein Herbarium des Philosophen und Dichters Adalbert von Chamisso zu sehen, der sich in seinen späteren Lebensjahren der Botanik verschrieb.

Ernten und Pressen von Pflanzen

Ob man nun ein Herbarium anlegen oder eine Collage aus Blättern anfertigen möchte, der Vorgang bleibt derselbe: man muß Pflanzen suchen, ernten und pressen. Sind die Pflanzen für ein Herbarium vorgesehen, muß man sie vor dem Pressen noch genau bestimmen. Dazu benutzt man am besten spezielle Pflanzenbestimmungsbücher.

Suchen und finden kann man genügend geeignete und verschiedenartige Gewächse, wenn man bei Spaziergängen die Augen offen hält. Zu fast jeder Jahreszeit – ausgenommen dann, wenn der Boden gefroren oder mit Schnee bedeckt ist – bietet die Natur Material an.

Gesammelt werden nur trockene Pflanzen. Die am besten geeignete Zeit ist der späte Vormittag, wenn der Tau abgetrocknet ist und die Sonne noch nicht so viel Kraft hat. Es ist sinnlos, Pflanzen bei feuchtem Wetter zu ernten oder am Abend eines sehr heißen Tages. Feuchte Pflanzen werden sehr schnell schimmelig – auch wenn man es zuerst nicht sieht –, während von der Sonne durchwärmte Pflanzen beim Pressen einen Schock bekommen können und ihre Blätter oder Blatt-Teile verlieren.

Sofort nach dem Sammeln müssen die Pflanzen getrocknet werden. Für kleine Pflanzenteile, z. B. einzelne Blüten, nimmt man eine kleine Blumenpresse. Sie besteht aus zwei hölzernen Abdeckplättchen, zwischen denen abwechselnd zwei Löschblätter und ein Stück doppelseitig kaschierte Wellpappe gestapelt sind. Zwischen die Löschblätter legt man die Blüten so, wie man sie später in getrocknetem Zustand sehen möchte (s. Foto links). Größere Pflanzen preßt man zwischen den Seiten eines nicht besonders wertvollen Buches (Telefonbuch o. ä.) oder, wie es Botaniker machen, zwischen großen Löschblättern, die mit einer Platte (Tablett o. ä.) abgedeckt und mit Steinen belastet werden. Nach dem Trocknen müssen die Pflanzen kühl und dunkel lagern, jedoch sollte man sie möglichst bald verwenden.

Untersetzer mit kleinen Blüten

Die Zeichnung zeigt, wie die einzelnen Lagen, aus denen der rechts abgebildete Untersetzer besteht, aufeinandergeklebt werden müssen

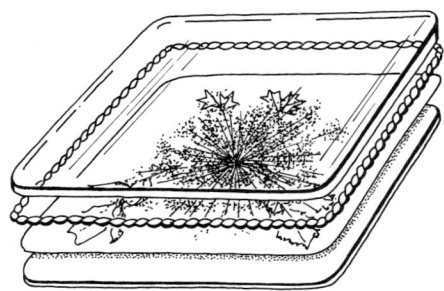

Als Dekor für einen kleinen Untersetzer mit Glasabdeckung kann man jede Pflanze mit kleinen Blüten nehmen (z. B. Schafgarbe, Schleierkraut). Während man die Pflanze zwischen zwei Seiten eines dicken Buches trockenpreßt, bereitet man die Teile des Untersetzers vor. Man braucht dazu eine Glasplatte aus einfachem Fensterglas, die man sich in der gewünschten Größe beim Glaser zuschneiden lassen kann. Die Ecken sollten etwas gerundet (angeschliffen) sein. In Größe der Glasplatte braucht man noch ein Stück weißen Zeichenkarton und ein Stück feste Pappe. Außerdem muß man noch ein Stück Kordel oder aus Baumwollhäkelgarn selbst gedrehte Schnur und farblich zum Pflanzenarrangement passendes Bordürenband von etwa 2 cm Breite bereitlegen. Kordel und Bordüre müssen so lang sein, daß sie um alle vier Kanten der Glasscheibe herumreichen. Zum Kleben nimmt man am besten Weißleim, z. B. Ponal.

Die Zeichnung auf dieser Seite zeigt, wie die einzelnen Lagen des Untersetzers angeordnet und zusammengefügt werden. Zuerst klebt man den Zeichenkarton sauber auf die Pappe. Danach wird die getrocknete Pflanze dekorativ auf dem Zeichenkarton angeordnet und nur an einigen wenigen Punkten angeklebt, so daß sie nicht verrutschen kann. Um Zwischenraum zwischen der nun folgenden Glasscheibe und der Pflanze zu schaffen, klebt man rundherum auf den Zeichenkarton die Kordel, und zwar so nahe an den Rand wie nur irgend möglich. Die Kordel-Enden brauchen nur zusammenzustoßen, die Kordel ist später kaum sichtbar. Die Glasscheibe, die nun auf die Kordelkante geklebt wird, muß ganz sauber ge-

putzt sein. Bevor man sie festklebt, fegt man mit einem Tuschpinsel auch noch einmal den Zeichenkarton ab und entfernt eventuell abgebrochene Pflanzenteilchen. Zum Schluß wird die Bordüre um den Außenrand geklebt. Das macht man in drei Arbeitsphasen: Zuerst bestreicht man die Schnittkanten des Untersetzers (also die Lagenkanten von Pappe, Karton, Kordel und Glas) mit Weißleim. Dann wird die Bordüre genau mit der Mitte so darauf festgeklebt, daß oberhalb und unterhalb des Untersetzers gleich viel Überstand bleibt. Während des Klebens dehnt man die Bordüre so gut wie möglich, schneidet das restliche Ende noch nicht ab, sondern befestigt es mit einer Stecknadel am Bordürenanfang. Dadurch verhindert man, daß das Band sich während des Trocknens wieder zusammenzieht. Erst nach dem Trocknen kürzt man es auf die richtige Länge, so daß Anfang und Ende genau zusammenstoßen. Nun klebt man den Überstand auf der Unterseite fest. Dabei biegt man ihn nach innen um. An den Ecken legt man die überschüssige Weite in kleine Fältchen. Je mehr man das Band zu Beginn gedehnt hat, um so schöner runden sich die Ecken jetzt. Zum Schluß biegt man das Bordürenband auf der Schauseite ebenfalls um und klebt es sauber auf die Glasplatte.

Lampenschirm

Über 65 Jahre liegen zwischen diesen beiden Blattcollagen. Die obere zeigt die Blattfärbung im Laufe der Jahreszeiten, die untere ausschließlich Herbstlaub

Herbstlich gefärbte, schöne Blätter, auf schwachgelb getönten Lampenkarton geklebt, ergeben nicht nur warmes Licht bei brennender Lampe, sie sind auch ohne Beleuchtung eine Augenweide. Man sollte sich beim Sammeln und später auch beim Pressen der Blätter große Mühe geben und mindestens doppelt so viel Blattmaterial trockenpressen wie man benötigt. Auf diese Weise hat man eine große Auswahl und kann die Blätter in Form und Farbe harmonisch aufeinander abstimmen. Es ist wichtig, daß die Blätter zu einer Tageszeit gesammelt werden, in der die Luft so trocken wie möglich ist – also auf keinen Fall am frühen Vormittag, wenn die Nebelfeuchtigkeit noch auf den Blättern haftet. Selbstverständlich sollen auch keine gefrorenen Pflanzen gepreßt werden, denn sie werden mit der Zeit grau und oft auch schimmelig wenn man glaubt, sie seien längst trocken.

Außer den Blättern braucht man noch ein Lampenschirmgestell, das zylindrisch ist und in der Größe zum Lampenfuß paßt. Lampenfüße gibt es in Warenhäusern und im Elektrohandel, Schirmgestelle meistens nur in Heimwerker- und Hobbyläden. Dort bekommt man auch Lampenschirmkarton und sogenanntes Kantenband. Der Karton muß genau so hoch sein wie das Lampenschirmgestell und so lang, daß er herumpaßt und an der Nahtstelle 1 cm breit übereinander geklebt werden kann. Zum Kleben nimmt man Ponal-Weißleim. Man kann auch Alleskleber verwenden, wenn man sparsam damit umgeht und nichts verschmiert. Hat man den Karton so zusammengeklebt, daß er genau um das Lampenschirmgestell paßt, klebt man auf der Außenseite um die Ober- und die Unterkante das Kantenband so an, daß es mit der Hälfte seiner Breite über den Rand steht. Nun wird der Kartonzylinder über das Gestell geschoben, die Kantenstreifen werden um die beiden Ringe umgeschlagen und auf der Innenseite festgeklebt.

Erst jetzt klebt man die getrockneten Blätter auf, die sich gut der Rundung anpassen.

Grußkarten mit Pflanzenschmuck

Grußkarten mit Dekoren aus gepreßten Pflanzen wirken sehr persönlich und individuell. Das Foto rechts zeigt einige Beispiele

Gruß- und Glückwunschkarten mit Dekoren aus gepreßten Pflanzen können wie ein kleines Geschenk sein. Besonders praktisch für den Empfänger ist es, wenn man eine Klappkarte nimmt und seine Mitteilung auf die unverzierte Kartenhälfte schreibt. So kann die geschmückte Vorderseite später abgetrennt und vom Besitzer weiter als Buchzeichen benutzt werden.

Mit Blumen geschmückte Karten galten seit jeher als Botschafter der Gefühle. Im 19. Jahrhundert fanden solche Grußkarten Eingang in die Zeichensprache der Liebe: „Ich liebe Dich seit langem schon", bekundet das Maiglöckchen, „Ich sterbe vor Eifersucht", kündigt die Heckenrose an, „Ich möchte Dir nahe sein", drückt die Levkoje aus, während das Maiglöckchen ermuntert: „Fasse Mut". Das Veilchen sagt: „Ich bin mit wenig zufrieden". Der Jasmin bringt die Ernüchterung: „Ich achte Dich, aber ich liebe Dich nicht". „Wir wurden verraten", deutet der Kümmel an, und die Distel klärt: „Zwischen uns ist alles aus!"

Heute braucht man bei der Wahl der Blüten und der Zusammenstellung des Arrangements nicht mehr auf solche Botschaften zu achten. Viel wichtiger ist es, daß die Karte Zeugnis von Geschmack, Harmonie und Kreativität ablegt. Einzelne zierliche Blüten, farblich hübsch aufeinander abgestimmt, dazu einige Gräser oder Kleinfarne als Auflockerung ergeben zahlreiche Kompositionsmöglichkeiten. Zum Kleben der Pflanzen auf Karton kann man entweder einen Papierklebstift (z. B. Pritt) nehmen, Weißleim (z. B. Ponal) oder (sparsam!) Pritt-Alleskleber benutzen. Mit einem Rest Eiweiß geht's auch.

Nicht alle Blüten behalten nach dem Trockenpressen ihre Farbe. Man findet erst im Laufe der Zeit heraus, welche Farben sich ändern oder verblassen. Blau und violett blühende Pflanzen behalten in der Regel ihre ursprüngliche Farbe in verblaßten Nuancen. Gelbe Blüten werden oft bräunlich oder grauweiß, rote dagegen bräunlich oder violett. Trocknet man Blumen, die auf ihren Blättern Wassertropfen haben, erscheinen diese später als braune Punkte. Will man Blumen färben, so kann man das auf zwei Wegen machen. Einmal kann man sie vor dem Trocknen in Tuschwasser stellen. Die Pflanze saugt dann mit dem Wasser auch die Farbe auf, die beim Trocknen erhalten bleibt, da es sich ja um künstlichen Farbstoff handelt. Allerdings werden diese Farben durch das Trocknen blasser. Zum anderen kann man getrocknete Blüten mit Aquarellfarben nachträglich anmalen. Da einige Pflanzen durch das Trocknen wasserabstoßend werden, muß man dem Tuschwasser vor dem Aufmalen etwas Geschirrspülmittel beigeben. Früher bemalte man farblos gewordene, getrocknete Blüten auch mit Eierlasurfarben. Ganz gleich, welche Hilfen man anwendet, man sollte immer bedenken, daß man damit die Natur manipuliert und überlegen, ob man die natürlichen Farben auch in ihrer verblichenen Form nicht vorziehen sollte.

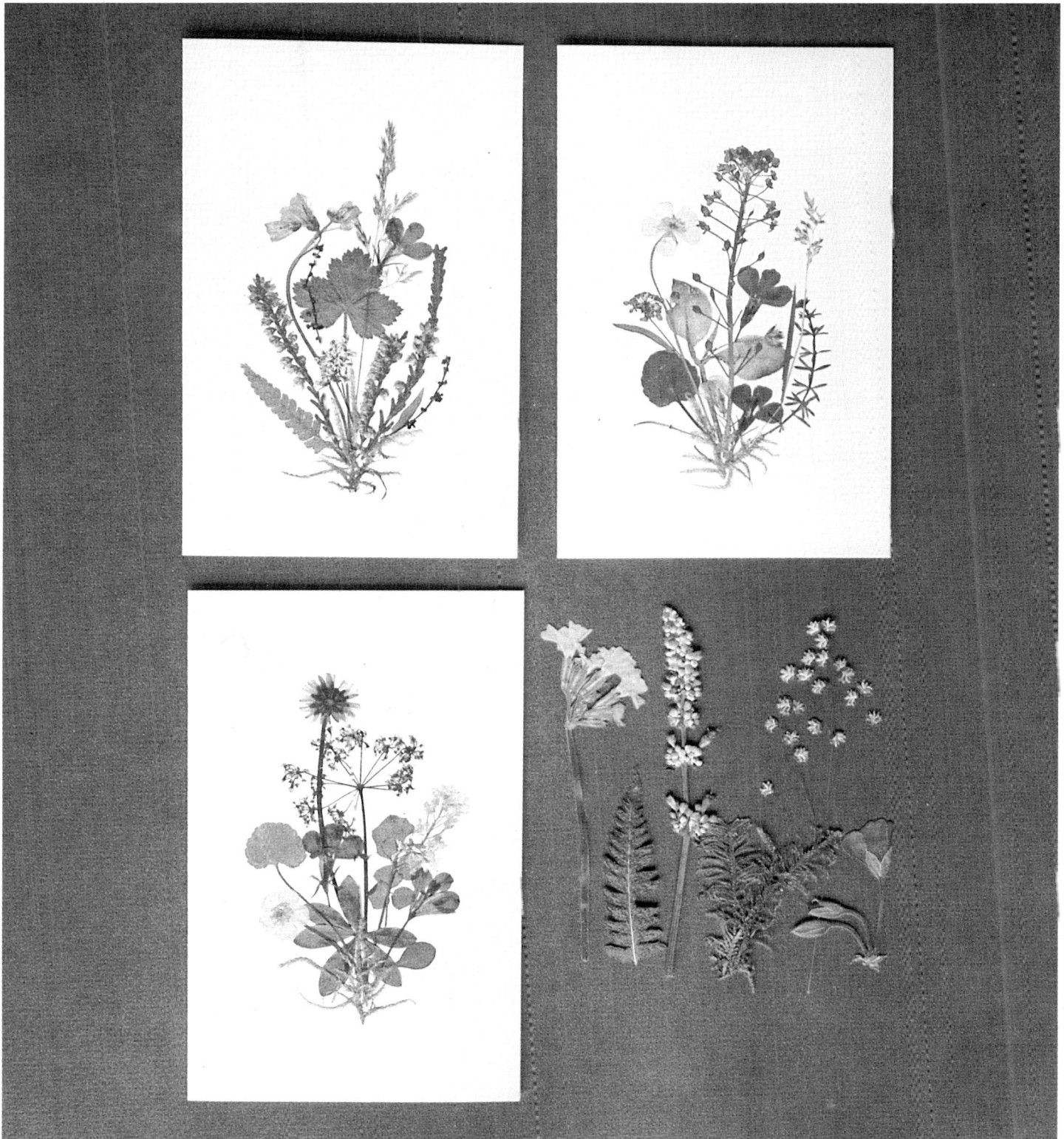

Kleiner Paravent

Der blütengeschmückte Paravent vom Foto rechts wurde aus Großmutters ausgedientem Ofenschirm gemacht. Er kann im Sommer als Sicht- oder Windschutzblende dienen oder einen kleinen Bereich innerhalb der Wohnung abschirmen. Bevor man den dreiteiligen Blechschirm zum Bekleben vorbereitet, sammelt und preßt man die Blüten und Blätter, die man verwenden möchte. Bei dem gezeigten Modell sind es Blütenblätter von drei dicken Hortensiendolden und die grünen Blätter eines Walnußbaumes. Um die vielen kleinen Blüten der Hortensiendolde zu pressen, braucht man viel Platz. Am einfachsten ist es, wenn man ein ausgedientes Telefonbuch hat. Man pflückt dann immer jeweils so viele Blüten ab, wie auf einer Seite Platz haben, ohne daß sich die Blattkanten berühren. Mit dem Auslegen der Blüten beginnt man auf den hinteren Seiten des Buches und blättert nach vorn. Dadurch hat man die Gewähr, daß die Blüten so liegen bleiben, wie man sie plaziert hat. Zwischen den Seiten mit eingelegten Pflanzen müssen jeweils etwa 10 Blätter zum Abdekken überschlagen werden, damit genügend Polster vorhanden ist und die Blütenkonturen sich nicht gegeneinander durchdrücken. Mindestens eine Woche müssen die Blätter so zwischen den Seiten gepreßt werden, bevor man sie verarbeiten kann.

Inzwischen wird der Wandschirm vorbereitet. Man fegt ihn zunächst ab und bearbeitet dann alle unebenen Flächen und evtl. Roststellen mit Schleifpapier. Danach wird das Blech noch einmal gut abgewaschen, so daß die Flächen staubfrei sind. Mit schwarzer matter Farbe – sehr gut geht es mit schwarzem Mattlack – wird der Paravent auf beiden Seiten grundiert (Foto links). Wenn die Farbe gut durchgetrocknet ist, kann man mit dem Bekleben beginnen. Als Kleber kann man Weißleim (z. B. Ponal) oder Alleskleber (z. B. Pritt) nehmen. Es sollte ein Kleber sein, der keine Fäden zieht. Zum Schluß wird dünn und gleichmäßig Klarlack aufgestrichen.

Duftkissen

Ein Duftkissen, wie auf dem Foto rechts, kann bei richtiger Komposition der eingefüllten Blüten- und Kräuterdüfte eine wohltuende Einschlafhilfe für Nervöse sein

Jede Frau, die auf sich hielt, legte früher Duftkissen mit Lavendelblüten zwischen ihre Wäsche. Die Parfümindustrie hat diesen hübschen Brauch zeitweilig abgelöst, jedoch werden heute wieder mehr Duftkissen benutzt. Ein etwas größeres Duftkissen – das auf dem Foto ist 25 × 25 cm groß – ist eine angenehme Einschlafhilfe für streßgeplagte Menschen. Düfte sind in Blüten, Gräsern, Wurzeln und Gewürzen enthalten. Aus der wohlabgewogenen Mischung, bei der eine Geruchsnote dominieren sollte, ergibt sich der individuell komponierbare Duft. Im Frühling und Sommer ist Erntezeit für Duftpflanzen. Man schneidet sie am späten Vormittag, wenn der Tau abgetrocknet, die Pflanze aber noch nicht durch starke Sonnenbestrahlung ermüdet ist. Die größte Wirkung der in den Pflanzen enthaltenen aromatischen Öle erreicht die Pflanze kurz vor der Blüte, die Blüte selbst duftet erst, wenn sie sich zu öffnen beginnt. Bereits voll erblühte Blumen sind für die Duftgewinnung und -konservierung nicht mehr geeignet. Die geernteten Pflanzen und Blüten müssen makellos sein. Sie dürfen keine Insektenschäden oder Flecken haben. Samen für die Duftgewinnung erntet man kurz bevor sie aus den Kapseln oder Samenständen fallen. Wurzeln werden erst vor Beginn der Frostperiode ausgegraben. Was man nicht selbst in Feld, Wald und Wiese findet, kann man in Drogerien, Apotheken, Gewürzläden oder auf dem Markt dazukaufen. Intensive Düfte verströmen folgende Pflanzen: Wilde Rose, Jasmin, gefüllte Nelke, Reseda, Levkoje, Goldmelisse, Gardenie, Narzisse und Lavendel. Thymian, Lorbeer, Majoran, Eisenkraut, Minze und Waldmeister sind nur einige von den vielen aromatischen Kräutern, die man verwenden kann. Unter den Gewürzen kennt man Zimt, Gewürznelken, Muskatnuß, Vanille und Koriander als Duftspender.

Damit eine Mischung lange ihren aromatischen Duft behält, braucht man noch ein Fixiermittel, das es in der Drogerie oder Apotheke gibt. Das kann entweder pulverisierte Iriswurzel sein oder grobes jodhaltiges Salz. Mit Benzoeharz geht's auch. So wird die Duftmischung hergestellt:
Man schichtet etwa 3–4 Finger breit frische Blütenblätter in ein dicht verschließbares Gefäß aus Porzellan oder Glas (Einkochglas, Schraubglas). Diese Schicht wird mit der abgeriebenen Schale einer Zitrone (sie darf ausnahmsweise gespritzt sein) und mit Gewürznelken überstreut. Dann fügt man ein wenig reinen Alkohol, Branntwein oder Cognac hinzu und bestreut alles dünn mit Salz. Dieser Vorgang wird mehrere Male wiederholt (es können einige Tage dazwischenliegen), bis das Gefäß voll ist. Man sollte mit jeder Schicht möglichst die Pflanzenart wechseln, jedoch innerhalb einer Lage bei einer Pflanzensorte bleiben. Das gefüllte Gefäß sollte ungefähr 6 Wochen in absoluter Dunkelheit gut verschlossen stehen. Danach ist der Inhalt fertig zum Füllen von kleineren und größeren Duftkissen. Man näht für ein Einschlafkissen einen Innenbezug aus feinem Batist. Für die Hülle nimmt man am besten reines Leinen oder weißen Baumwollstoff, den man noch mit einer zierlichen Stickerei, zum Inhalt passend, versieht.
Eine besonders wohlriechende Mixtur für ein 25 × 25 cm großes Schlummerkissen stellt man aus Rosenblüten, Lavendel, Rosmarin, Zitronenkraut, Minze, Zimt, einigen Gewürznelken und viel Eisenkraut zusammen. Man fixiert mit 25 Gramm jodhaltigem Salz. Ein mit Waldmeister gefülltes Kissen duftet wie frisches Heu. Es macht viel Spaß, selbst wohlriechende Mischungen zusammenzustellen.

Waldmeister gegen Motten

Wenn der Waldmeister in voller Blüte steht, wie unten links gezeigt, ist es für die Ernte zu spät. Rechts: So sieht eine Waldmeisterblatt-Rosette aus

Menschen lieben den Duft von Waldmeister, Motten meiden ihn, deshalb gilt Waldmeister seit der Zeit unserer Urgroßeltern als Kleiderschutzmittel gegen Motten. Man findet Waldmeister im Hochsommer in Wäldern und am Waldrand. Die beste Erntezeit ist ein trockener Sommertag. Die Pflanzen sollen möglichst vor dem Blühen, spätestens vor der vollen Entfaltung der Blüten gepflückt werden. Man bindet sie mit einem Faden zu kleinen Sträußen zusammen und hängt sie an einen trockenen schattigen Platz zum Trocknen. Aus den Trockensträußchen kann man später auch Kränze locker zusammenbinden. Man hängt sie in den Kleiderschrank zwischen die Garderobe oder legt sie zwischen wollene Pullover und Wäsche. Alljährlich müssen die Pflanzen ausgewechselt werden, weil sie an Duftkraft verlieren. Waldmeister duftet in getrocknetem Zustand wie frisches Heu. Der Geruch ist nicht so stark, daß er in die Kleider zieht.

Briefbeschwerer und Broschen

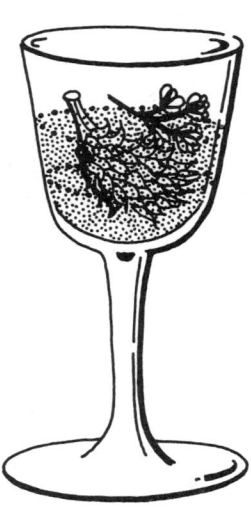

Für die Ewigkeit konservieren kann man Blüten und Pflanzenteile, wenn man sie in Gießharz einschließt. Es gibt verschiedene Fabrikate dieses Materials. Sie alle arbeiten nach dem gleichen Prinzip: der Grundstoff Styrol wird nach genauen Angaben mit Härter gemischt und bindet nach einigen Stunden zu einer glasklaren festen Masse ab. Für feine Gußarbeiten gibt es ein spezielles Bio-Gießharz, das besonders klar und lichtdurchlässig ist. Man kann das flüssige Material vor der Verarbeitung mit Spezialfarben einfärben. Die Sockel der beiden Halbkugel-Briefbeschwerer auf dem Foto rechts wurden mit Weiß bzw. mit Schwarz eingefärbt. Der letzte Guß besteht hier also aus farbigem Gießharz. Die Blüten der mittleren Brosche stehen ebenfalls auf weißem Grund, der die letzte Gußschicht bildet.

Außer dem Gießharz braucht man noch Spezial-Gießformen, die es im Hobbyhandel gibt. Man kann aber auch Formen nehmen, die man im Haushalt findet. Allerdings müssen deren Öffnungen zylindrisch verlaufen oder sich nach außen weiten. Aus Formen, die sich am oberen Rand nach innen verjüngen, bekommt man später den Gießling nicht wieder heraus. Man

So schließt man Pflanzen ein: Gießharzgemisch wird 2 cm dick in eine Form (Glas) gegeben. Auf die abgebundene Schicht kommt die Pflanze. Dann wird erneut Harz aufgefüllt. Hier kann man weitere Pflanzenteile einlegen. Zum Schluß kommt eine 1 cm hohe Deckschicht

kann jedoch sogenannte Einmal-Gießformen verwenden, die nach Erhärten des Harzes einfach zerstört werden, z. B. ein billiges Glas, eine alte Tasse o. ä. Der Briefbeschwerer hinten rechts auf dem Foto wurde in einem Weinglas gegossen. Hier die einzelnen Arbeitsgänge: Die zum Einschließen vorgesehenen Blüten- bzw. Pflanzenteile – links sind es Mimosen und kleine Disteln – müssen vollkommen getrocknet sein. Man kann jede beliebige Trockenpflanze eingießen, ganz gleich, ob sie luftgetrocknet oder trockengepreßt wurde. Das Gefäß zum Mischen von Harz und Härter nach auf der Packung angegebenem Verhältnis muß sauber und trocken sein. Ein Blechdeckel, eine kleine Glasscheibe oder ein käufliches Spezialgefäß eignen sich am besten. Keine Plastikbecher nehmen, sie lösen sich meistens auf. Das als Gießform dienende Weinglas wird gründlich mit Trennmittel (käuflich) ausgeschwenkt, damit der Gießling nicht daran haften bleibt. Man mischt nun so viel Harz mit Härter, daß die Menge für eine etwa 2 cm dicke Schicht im Glas ausreicht. Man füllt die Masse in das vorbereitete Glas und wartet etwa eine Stunde, bis die Masse abzubinden beginnt. Sollten sich Blasen bilden, so klopft man mit dem Finger unten gegen den Kelch. Dadurch steigen die Blasen an die Oberfläche, wo man sie mit einer Nadel aufstechen kann. Auf die abgebundene gallertartige Schicht werden die Blüten mit der Schauseite nach unten gelegt. Man mischt neues Gießmaterial an und füllt es wiederum etwa 2 cm hoch ins Glas. Nach einer weiteren Stunde kann man die letzte Schicht eingießen, die man noch vorher färben könnte. Sie soll mindestens 1 cm höher sein als das eingeschlossene Objekt. Nach etwa 6–8 Stunden ist der Gießling durchgehärtet und kann aus der Form gestürzt werden. Gelingt das nicht, zerschlägt man das Glas vorsichtig. Die zuletzt eingegossene Schicht, die die Standfläche des Gießlings bildet, ist meistens etwas klebrig und uneben. Man entfernt sie durch Abschleifen mit Schleifpapier. Das ist recht mühsam, denn es sind fünf Arbeitsgänge mit Papier in den Körnungen 100, 120, 220, 400 und 600 nötig, bis der Gießling perfekt ist. Zum Schluß bringt man ihn mit einer Spe-

zial-Polierpaste und einem Wattebausch auf Hochglanz.

Genau so verfährt man, wenn man kleine Ansteckbroschen herstellen möchte. Auch hierzu gibt es zahlreiche kleine Gießformen im Hobbyhandel zu kaufen. Ebenso die Nadelmechaniken, die auf der Rückseite der Brosche angeklebt werden müssen. Das erhärtete Material läßt sich mit einem normalen Bohrer bohren, so daß man auch eine Öse für einen Kettenanhänger anbringen kann.

Im Hintergrund und rechts auf dem Foto unten sind drei Briefbeschwerer zu sehen. Zwei vor ihnen haben eine eingefärbte Abschlußschicht aus Gießharz, während die Kuppel selbst klar ist. Die kleinen Broschen haben auf der Rückseite angeklebte Mechaniken

Kränze aus Blüten und duftenden Gewürzen

Drei Kränze aus Naturmaterial: Oben rechts ein bunter Strohblumenkranz, darunter ein Gewürzkranz aus Ruscus-Zweigen, Gewürzen und Kandiszucker. Der linke Kranz besteht aus Heide- und Schleierkraut. Wie man sie macht, steht auf den folgenden Seiten

Das Trockenpressen von Blüten und das Konservieren mit Alkohol und jodhaltigem Salz wurde bereits auf den Seiten 50 und 60 näher beschrieben. Die Pflanzen, die man für Kränze oder auch andere Gestecke und als Sträuße braucht, müssen luftgetrocknet werden. Wie bei allen zum Trocknen vorgesehenen Blüten gilt auch hier die Regel, daß nur mit trocken geernteten Pflanzen, die frei von jeglichem Niederschlag sind, gute Ergebnisse erzielt werden können. Die beste Pflückzeit ist der späte Vormittag eines warmen, trockenen Tages. Man wählt nur Blumen aus, die kurz vor der vollen Blüte stehen. Voll erblühte Pflanzen fallen nach dem Trocknen auseinander. Nach dem Pflücken entfernt man alle Blätter von den Blütenstengeln, denn diese rollen sich beim Trocknen zusammen und werden unansehnlich. Kleine Blumen bindet man mit einem Bastfaden zu Sträußen zusammen. Große Blüten und Pflanzen mit Blütendolden oder -rispen (Hortensien, Schleierkraut, Schafgarbe) werden einzeln an Fadenschlingen aufgehängt. Würde man sie ebenfalls zu Sträußen bündeln, könnte man sie beim Auseinandernehmen nach dem Trocknen leicht beschädigen. Die Blumensträuße bzw. Einzelpflanzen werden mit Fadenschlaufen an einer Leine so befestigt, daß sie mit den Köpfen nach unten hängen und frei schweben. Sie sollen möglichst dunkel, trocken und luftig hängen. In der Dunkelheit bleiben die Farben besser erhalten. Zuviel Wärme bewirkt, daß die Pflanzen nicht trocknen, sondern welken. Durch das allmähliche Zusammentrocknen der Stengel lockert sich das Aufhängeband. Man muß es von Zeit zu Zeit nachbinden.

Schleierkraut und Hortensien kann man auch noch auf andere Art lufttrocknen: Man stellt die Blumen mit den von Blättern befreiten Stengeln in etwa 5 cm hohes Wasser in einen warmen Raum. Ist das Wasser verdunstet, kann man die Pflanzen herausnehmen und in einer trockenen hohen Vase stehend völlig austrocknen lassen. Die Trockendauer der einzelnen Pflanzen ist recht unterschiedlich. Feine Arten wie Ziergräser und Schleierkraut brauchen oft nur eine Woche, saftige Blumen mit dicken Stengeln müssen manchmal vier Wochen lang trocknen.

Strohblumen, von denen nur die Köpfe benötigt werden (wie bei dem oberen Kranz auf dem Foto rechts), kann man gut auf einem Stück Windelmull trocknen, den man mit Reißzwecken über eine Holzkiste (Obststeige) spannt. Die von Stengeln befreiten Blüten werden einzeln auf den Stoff gelegt, bis sie trocken sind. Sie müssen nicht so kühl lagern wie andere Pflanzen, jedoch sind auch sie sehr lichtempfindlich und verlieren bei starker längerer Sonnenbestrahlung ihre schönen Farben.

Folgende Pflanzen eignen sich besonders zum Lufttrocknen:
Akazien, Akelei, Edeldisteln, Hasenschwanzgras, Hortensien, Lavendel, Rittersporn, Schildblume, Schleierkraut, Silberlinge (Judas-Silberlinge), Strohblumen, Pampas-Ziergras, Zierlauch, Zittergras. Auch Farne lassen sich gut trocknen.

Wie man die rechts gezeigten Kränze im einzelnen herstellt, steht auf Seite 68/69.

So macht man Kränze

Für die auf Seite 67 gezeigten Kränze wurde als Unterbau ein „Styropor-Inlett" benutzt. Solche Inletts, wie sie in der Fachsprache heißen, bekommt man im Hobbyhandel, bei Gärtnereien und in Blumengeschäften. Sie sind nicht teuer, und es gibt sie in verschiedenen Größen. Man kann die Blüten darauf entweder mit Stecknadeln oder kleinen Drahtkrampen befestigen, oder man bindet das Pflanzenmaterial mit dünnem Blumendraht fest. Will man die Blüten festkleben, muß man das Kunststoffmaterial der Grundform erst mit Krepp-Papier umwickeln, da die meisten Kleber Lösungsmittel enthalten, die den Kunststoff auflösen.

Strohblumenkranz: Die kleinen trockenen Blütenköpfe werden dicht an dicht mit senkrecht eingestochenen rostfreien Stecknadeln befestigt. Man sticht einfach von oben durch die Blütenmitte in den Kranz (s. Zeichnung rechts oben).

Kranz mit Heide- und Schleierkraut: Für einen vollen buschigen Kranz kann man alle Pflanzen mit Dolden oder Rispen aus kleinen Blüten nehmen (z. B. Schafgarbe, Goldgarbe).

Besonders hübsch aber sehen Schleierkraut und Heidekraut aus. Heidekraut (Erica) steht jedoch unter Naturschutz, man kann es also nur im eigenen Blumentopf oder Garten züchten und ernten. In der freien Natur darf man es nicht pflücken. Die Pflanzen werden nach dem Trocknen in einzelne Rispengruppen zusammengefaßt und mit kleinen U-förmigen Drahthaken, die um die Stengel greifen, am Unterkranz befe-

stigt (s. Zeichnung rechts Mitte). Diese
Haken biegt man selbst aus 6 cm langen Drahtabschnitten. Draht in verschiedenen Stärken gibt es im Heim-
werker- und Hobbyhandel sowie in
Gärtnereien. Der Draht sollte so weich
sein, daß man ihn mit einer normalen
Schere schneiden und ohne Werkzeug
biegen kann.

Gewürzkranz: Gewürzkränze verbreiten
einen angenehmen Duft. Man ver-
schenkt sie meistens zu Hochzeiten,
Verlobungen, Hauseinweihungen oder
ähnlichen Anlässen. Sie bestehen aber
nicht nur aus getrockneten Ruscus-
Zweigen und Gewürzen, sondern auch
noch aus Maiskörnern, zu Rosetten zusammengeklebt, Mandeln, blütenför-
mig auf Draht gefädelt und Kandiszuk-
ker. An Gewürzen braucht man Nelken,
Muskatnüsse, Ingwer, Zimtstangen, Va-
nillestangen und eventuell Edelsüß-
holz. Diese Zutaten kann man nicht
selbst anbauen, man muß sie im Ge-
würzladen oder auf dem Wochenmarkt
kaufen.

Nach alter Gärtnertradition werden die
trockenen Ruscuszweige mit Draht so
auf dem Kranz festgebunden, daß sie
sich schuppenartig an den Stengeln
überdecken (s. Zeichnung rechts unten). Die duftenden Zutaten werden mit
etwas kräftigerem grünem Draht fest
umwickelt und mit den Drahtenden
zwischen den Zweigen in den Kranz gesteckt. Die Enden dürfen nicht zu kurz
sein, damit sie nicht herausrutschen.
Zum Schluß bekommt der etwas stachelige Duftkranz eine farblich passende Baumwollschlaufe zum Aufhängen.

Dieser bäuerliche Prachtstrauß wurde im Laufe des Jahres 1899 zur Begrüßung des Jahres 1900 zusammengestellt. Die meisten Pflanzen aus dieser Zeit sind erhalten geblieben

Dieser bäuerliche Prachtstrauß ist nicht mehr ganz so erhalten, wie er seinerzeit zusammengestellt wurde. Im Laufe der Jahre abgebrochene Naturpflanzen wurden durch künstliche ersetzt: Rosen aus blauem Krepp-Papier, kleine Äpfel aus gedrehter und lackierter Watte und Phantasieblüten aus hauchdünnen Holzspänen. Die 80 Jahre überdauert haben: Mohnkapseln, Immortellen, Silberdisteln, Zwergdisteln, Farn, Ruscus, Tannenzapfen und Strohblumen.

Bis auf Farn und Ruscus haben alle Blüten, Zapfen und Samenkapseln einen künstlichen Stengel aus Draht. Die Drahtstiele, die einfach am oberen Ende hakenförmig gebogen in die Blütenköpfe geschoben wurden, sorgen einmal für genügend Halt auf lange Dauer und zum anderen dafür, daß das ganze Gebinde am Stielende nicht zu dick wird. Zum Halten der Tannenzapfen wurde der Draht einfach ringförmig zwischen die Schuppenreihen gelegt. Die Köpfe der Mohnkapseln und die Immortellensträußchen ruhen ebenfalls auf kleinen ringförmig gebogenen Drahtstützen. Jeder einzelne Draht ist sorgfältig mit grünen Kreppstreifen umwickelt. Dieses Drahtmaterial konnte man früher extra für solche Zwecke fertig kaufen. Heute muß man grün gespritzten Blumendraht nehmen, der aber nicht so dünn wie Blumenbindedraht sein darf. Man bekommt ihn im Hobbyhandel, Geschäften für Heimwerkerbedarf und in Gärtnereien. Mit Geduld und Phantasie dürfte es gelingen, wieder einen Jahrhundertstrauß zu binden.

Getreide und Gräser

Kornähren und Stroh

Ein einfacher Strohkranz, wie auf dem Foto rechts, wurde früher als Unterbau für Kränze verwendet. Er sieht zur Erntedankzeit sehr hübsch in der Wohnung aus, wenn man ihn mit Figuren aus Brotteig schmückt

Stroh ist ein sehr sprödes Material, das man hauptsächlich zum Flechten verwendet. Man kann aber auch damit weben, wenn man als Spannfäden (Kette) elastischeres Material nimmt. Wer einmal mit Stroh gearbeitet hat, wird es immer wieder tun, denn von diesem glänzenden Naturprodukt geht eine nicht erklärbare Faszination und Wärme aus.

Präpariertes Stroh kann man im Hobbyhandel in verschiedenen Formen kaufen: als ganze Halme, naturbelassen, gebleicht oder gefärbt und als aufgeschnittene, flache Streifen, ebenfalls in verschiedenen Farben. Strohstreifen werden für Intarsienarbeiten, zum Bekleben von Kästen und zur Herstellung von Weihnachtssternen verwendet.

Viel schöner ist es jedoch, wenn man das Stroh selbst erntet. Am schönsten ist das Stroh, wenn das Korn auf rein biologischer Basis angebaut wurde. Düngemittel machen das Stroh spröde und unansehnlich.

Schöne lange Halme zum Flechten zu finden, ist nicht gerade leicht. Die modernen Mähdrescher brechen sie in kurze Stücke, die man nur noch für kleinere Arbeiten (Strohsterne) verwenden kann. Am besten ist es, wenn man einen Bauern kurz vor der Ernte bittet, selbst einige Ähren schneiden zu dürfen. Man kann Weizen-, Hafer- oder Roggenstroh nehmen (s. Fotos von links oben nach rechts unten auf Seite 71). Gerste eignet sich nicht gut, am schönsten ist Weizenstroh. Der Weizen wird oberhalb des ersten Knotens und unterhalb der Ähre gerade abgeschnitten. Will man sogenannte Kornpuppen (s. Seite 75) flechten, so darf man die Ähren natürlich nicht abschneiden.

Zum Trocknen wird das Stroh gebündelt und an einer Bastschlaufe hängend getrocknet. Man kann es auch auf einem Tuch in der Sonne ausbreiten, muß es dann jedoch häufig umschichten und drehen, damit sich auf der Liegefläche kein Schimmel bildet. Ungeduldige können Stroh im Backofen bei schwacher Hitze trocknen. Die Backofentür muß dabei geöffnet bleiben. Getrocknetes Stroh kann jahrelang gelagert werden, wenn es in einem trockenen Raum liegt. Will man Stroh färben, so nimmt man dazu Holzbeize, die mit Wasser angerührt wird. Man legt die Halme in das Farbbad und danach auf Löschpapier zum Trocknen. Allerdings werden die Halme nicht gleichmäßig, weil das Löschpapier an der Auflagestelle mehr Farbe aufsaugt als sonst an den Halmen. Will man das vermeiden, steckt man Stricknadeln in eine Styroporplatte und schiebt die Halme so darüber, daß sie senkrecht trocknen können. Verschiedene Brauntöne erreicht man, wenn man die Halme in Sand wälzt, den man vorher im Backofen erhitzt hat. Strohstreifen (aufgeschnittene Halme) kann man auch mit einem heißen Bügeleisen dunkler tönen.

Vor der Verarbeitung muß Stroh stets angefeuchtet werden, so daß es geschmeidig ist und nicht bricht. Ähren dagegen müssen stets trocken bleiben.

Korngeflechte mit Tradition

Ährenzopf

Solche Geflechte, wie rechts gezeigt, kennt man seit 5000 Jahren. Sie galten und gelten in manchen Gegenden auch heute noch als Fruchtbarkeitssymbole. Man nennt sie Kornpuppen

Korngeflechte, sogenannte „Kornpuppen", kennt man seit 5000 Jahren. Ursprünglich waren es Fruchtbarkeitssymbole, die man nach der Ernte aus den letzten Garben flocht. In einem feierlichen Zeremoniell – ähnlich unserem christlichen Erntedankfest – wurden sie zu Ehren der Fruchtbarkeitsgöttin Ceres aufgehängt. In manchen Gegenden glaubte man, daß Ceres in den Kornpuppen wohnte, man nahm sie deshalb den Winter über mit ins Haus, damit die Göttin nicht fror. Im Frühjahr brachte man die geflochtenen Kunstwerke auf die Felder und erbat mit ihnen eine neue gute Ernte. Es gibt solche Kornpuppen in vielerlei Gestalt: als Fächer, Laterne, Sense, Hufeisen, Raute, Engel und vieles mehr. Heute macht man solche Geflechte fast nur noch aus dekorativen Gründen.
Zum Flechten braucht man ganze Halme mit Ähren – am besten Weizen. Wie und zu welcher Zeit das Getreide geerntet, getrocknet und gefärbt wird, steht auf Seite 72. Man kann die Halme des Getreides aber auch bleichen. Ein wenig bleichen sie schon, wenn man sie zum Trocknen in der Sonne ausbreitet und das Material täglich mehrmals wendet. Durch Schwefelbleiche werden die Halme gleichmäßig heller. Man legt dazu die etwas angefeuchteten Halme in einen leeren, geschlossenen

Raum (Garage, Schuppen), in dem außerdem nichts Brennbares sein darf, und zündet ein Stück Schwefel (Apotheke) an. Man kann Getreidehalme auch bleichen, indem man sie kurz in dreißigprozentiges Wasserstoffsuperoxyd taucht, sie werden dadurch jedoch leicht brüchig. Goldgelb wird das Material durch Eintauchen in eine Mischung aus Wasserstoffsuperoxyd und Ammoniak.
Bevor man mit dem Flechten beginnt, müssen die Halme gereinigt, das heißt, von den äußeren Hülsen befreit werden. Dazu spannt man oben und unten um ein Bündel Halme je ein Gummiband. Dann zieht man die Strohspitzen nach oben heraus. Es geht leichter, wenn das Stroh vorher etwas angefeuchtet wird. Die leeren Halme, die man für andere Arbeiten verwenden kann, legt man beiseite, denn für Kornpuppen – ganz gleich, welche Gestalt sie haben – braucht man ganze Halme mit Ähren, wie schon erwähnt.

Eine der einfachsten Kornflechtarbeiten ist der breite flache Ährenzopf. Es ist der zweite von links auf dem Foto. Man bindet dazu 12 Weizenhalme, die man vorher gut angefeuchtet hat, unterhalb der Ähren zusammen und macht aus dem Bindfaden zunächst eine Schleife. Dann teilt man die Halme in drei Gruppen je 4 Stück und flicht sie, flach nebeneinander liegend, zu einem gleichmäßigen Zopf. Um sich die Arbeit zu erleichtern, kann man das Bündel oben durch den Flechtanfang mit einer Nadel auf einem Kissen oder einer Styroporplatte befestigen. Man kann es auch auf ein kleines Brett nageln. Hat man knapp die halbe Länge der Halme verflochten, werden die Enden flach nebeneinander liegend nach hinten umgebogen. Die Anfangsschleife wird gelöst und um die umgebogenen Halme geknotet. Nach einigen Stunden, wenn das Stroh wieder ganz trocken ist, muß die Bindung noch einmal fester gezogen werden. Zum Schluß schmückt man den Ährenzopf mit einer farbigen Baumwollschleife.

Hufeisen und Fächer

Die Zeichnungen auf der gegenüberliegenden Seite zeigen die einzelnen Flechtvorgänge zur Herstellung eines walisischen Fächers

Das kleine Hufeisen – es ist das 3. Geflecht von links auf dem Foto von S. 75 – wird aus nur vier Halmen mit Ähren wie folgt geflochten: man bindet die Halme direkt unterhalb der Ähren zusammen, nachdem man das Stroh zuvor gut durchfeuchtet hat. Dann flicht man einen Zopf, indem man fortlaufend einen Halm von rechts nach links, den nächsten von links nach rechts, den folgenden von vorn nach hinten und den letzten von hinten nach vorn legt. Die etwa 3–4 cm langen ungeflochtenen Enden werden schräg abgeschnitten und zusammen mit der ersten Bindung an den Ährenköpfen so befestigt, daß der Zopf ein Hufeisen bildet. Ist das Material getrocknet, bindet man eine Schmuckschleife aus Baumwollband darum.

Der walisische Fächer – auf dem Foto der vorigen Seite sind zwei Variationen zu sehen – wird aus 29 Ähren geflochten, die möglichst gleich lang und dick sein sollten. Vor Arbeitsbeginn werden die Halme (nicht die Ähren!) in Wasser so lange eingeweicht, bis sie biegsam sind. Dann bindet man drei Halme unterhalb der Ähren mit einem Bast- oder Baumwollfaden so zusammen, daß die Ähren schon ungefähr die auf Abb. a gezeigte Lage haben: zwei Ähren nach links, eine nach rechts neigend. Diesen Anfang legt man mit den Ähren von sich weg zeigend flach auf den Tisch. Es flicht sich allerdings am besten, wenn man auf einer Styroporplatte arbeitet, auf der man die Arbeit durch die Anfangsbindung hindurch feststecken kann.

Nun wird der 4. Halm parallel so zum rechten Einzelhalm gesteckt, wie es Zeichnung b zeigt: unter dem inneren von links kommenden Halm hindurch, über den äußeren linken hinweg. Der innere von links kommende Halm wird anschließend wie auf der Zeichnung c ersichtlich umgebogen und mit dem Ende unter den danebenliegenden auf die linke Seite geführt. Jetzt befinden sich ein Halmende rechts und drei Halmenden links. Unter dem äußerem linken Halm wird ein neuer Halm so eingeschoben, daß er über den anderen nach links zeigenden beiden Halmen verläuft. Zeichnung d zeigt diese Phase. Zur Befestigung dieses Halmes wird der am weitesten links außen liegende Halm wie bei Phase c abgebogen und unter dem nächstliegenden linken Halm hindurchgesteckt (e).

Auf diese Weise werden weitere Halme eingefügt und verankert, bis es 13 Stück sind. Damit die Ähren nicht zu dicht stehen, macht man ab jetzt nach jedem neu eingefügten Halmpaar auf jeder Seite zweimal nacheinander den Befestigungsvorgang. Sind alle 29 Halme eingeflochten, wird der Befestigungsvorgang auf jeder Seite fünfmal wiederholt. Die Halmbündel werden auf gleiche Länge zurückgeschnitten und zusammengebunden. Man kann die beiden Schenkel des Fächers auch noch mit einem dünnen Zopf aus drei Halmen miteinander verbinden (s. Foto S. 75). Die Arbeit muß flach liegend trocknen. Danach kann man sie mit farbigem Baumwollband verzieren.

Die Form des Fächers kann man breiter oder schlanker gestalten, indem man den Winkel der abgebogenen Halme beim Befestigungsvorgang entsprechend mehr waagerecht oder mehr senkrecht stellt.

Drei Ähren werden gekreuzt
zusammengebunden (a)
Ein vierter Halm wird parallel zum
Einzelhalm unter das linke Halmpaar
gesteckt (b)
Der Innenhalm des linken Paares wird
nach links umgebogen (c)
Links unterhalb des ersten Halmpaares
wird ein weiterer Halm eingefügt (d)
Das Ende des am weitesten links außen
liegenden Halmes wird nach rechts
umgebogen (e)

Kornpuppe

Die Zeichnungen rechts zeigen die einzelnen Flechtphasen zur Herstellung einer Kornpuppe

Möglicherweise ist das Geflecht, das auf Seite 75 ganz rechts gezeigt und hier beschrieben wird, die Urform der Kornpuppen überhaupt. Sie wird unterschiedlich benannt: bei uns heißt sie „Laterne", in Großbritannien und Amerika nennt man sie „Drop Dolly" oder auch „Mother Dolly", im Ostblock kennt man sie als „Matka" bzw. „Matrja" und in den nordischen Ländern als „Sommarlys".

Um eine solche Kornpuppe zu flechten, braucht man 5 lange Halme mit Ähren, am besten Weizen und weitere Halme ohne Ähren. Vor der Arbeit werden die Halme gut durchfeuchtet. Bei größeren Arbeiten, die länger dauern, hält man die Halme geschmeidig, indem man sie in ein feuchtes Tuch einschlägt. Da die Halme in ihrer Länge nicht für diese Arbeit ausreichen, muß man sie ansetzen. Das geschieht, indem man stets mit der Halmspitze zu flechten beginnt und dann die dünne Spitze des nächsten Halmes in das dickere Ende des auslaufenden schiebt.

Die fünf Halme mit Ähren werden direkt unterhalb ihrer Ähren mit einem Baumwollfaden zusammengebunden und so auseinandergefächert wie auf Zeichnung a zu sehen. Sie werden an den Enden mit Kugelschreiber oder Filzstift mit den Zahlen 1–5 versehen, und zwar im entgegengesetzten Uhrzeigersinn, links beginnend. Diese Zahlen werden jeweils beim Ansetzen neuer Halme einfach abgeschnitten. Nun nimmt man das Ährenbündel vorsichtig in die eine Hand, während man mit der anderen den ersten Flechtvorgang ausführt: Halm 1 über Halm 2 und 3 hinweg nach rechts neben Halm 4 legen. Danach, wie nach jedem Umlegen der Halme, die Arbeit um ein Viertel im Uhrzeigersinn drehen, so daß sich vier Ecken bilden. Der gleichmäßige Abstand dieser Ecken ist wichtig für die gleichmäßige Form des Geflechts. Zeichnung b zeigt den nächsten Schritt: Halm 3 über Halm 1 und 4 legen. Danach kreuzt Halm 4 die Halme 3 und 5. Halm 5 kreuzt dann 4 und 2. Wie auf Zeichnung c gezeigt, wird Halm 2 so über Halm 5 geführt, daß er parallel zu Halm 1 liegt. Nun wird Halm 1 unter 2 hindurchgesteckt und über Halm 2 so zurückgebogen, daß er parallel zu Halm 3 liegt (Zeichnung d). Halm 3 wird ebenfalls zunächst unter und dann über 1 geführt, so daß er parallel zu Halm 4 liegt. Diese Vorgänge werden fortlaufend wiederholt. Legt man die Halme so, daß sie genau aufeinander liegen, bleibt das Geflecht stets gleich weit. Soll es sich erweitern, legt man die Halme ein wenig schräg nach außen, soll es enger werden, müssen die Halme etwas nach innen zur Mitte verschoben werden. Zeichnung e zeigt die Erweiterung, Zeichnung f die Verengung einer Arbeit. Wichtig ist, daß man die Drehungen im Uhrzeigersinn korrekt ausführt. Man beginnt mit dem Erweitern etwa nach der 2.–3. Flechtrunde, bis die Arbeit in der 10. Runde ihre größte Weite erreicht hat. Von da an nimmt man ab, bis die Arbeit fast geschlossen ist. Die Halmenden werden zum Schluß senkrecht gebogen und zusammengebunden. Man stutzt sie bis auf drei Halme, aus denen man eine Aufhängeschlaufe als Dreier- oder Viererzopf flicht (Zeichnung g). Nachdem das Stroh getrocknet ist, schmückt man mit einer Baumwollschleife, um den Bindefaden zu kaschieren. Hat man mit Naturbast abgebunden, kann man auf das Zierband verzichten.

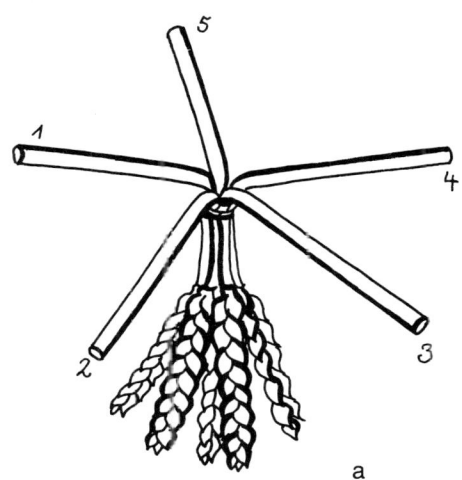

a

5 Halme werden, mit den Ähren
abwärts zeigend, zusammengebunden.

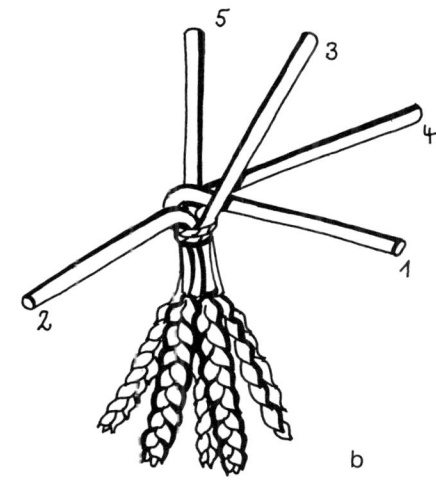

b

Nachdem Halm 1 über 2 und 3 neben
Halm 4 gelegt wurde, wird nun Halm 3
über 1 und 4 neben Halm 5 gelegt.
Danach kreuzt Halm 4 die Halme 3 und
5. Halm 5 kreuzt dann 4 und 2.

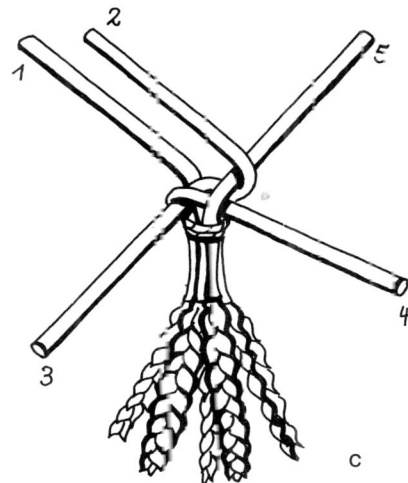

c

Halm 2 wird nun so über 5 gelegt, daß
er parallel zu 1 liegt.

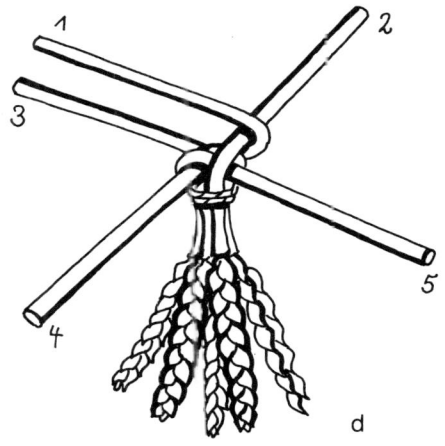

d

Halm 1 wird unter 2 durchgesteckt und
über 2 wieder zurückgebogen. Halm 3
wird ebenfalls unter 1 durchgesteckt
und über 1 zurückgebogen.

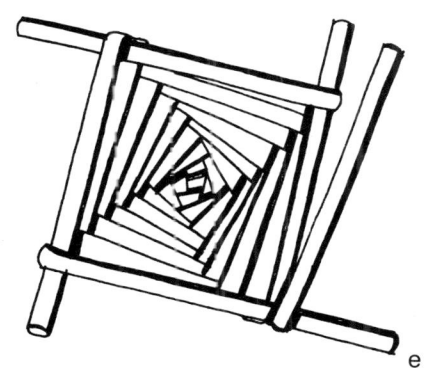

e

Soll das Geflecht weiter werden, biegt
man die Halme etwas nach außen.

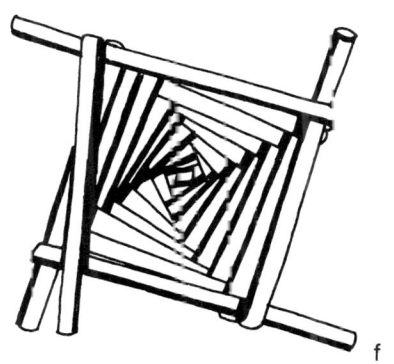

f

Zur Verjüngung des Geflechts werden
die Halme schräg nach innen gelegt.

Zum Schluß werden die Halmenden
zusammengebunden und gestutzt

g

Die Zeichnungen auf dieser Seite
zeigen die Entstehungsphase des
Strohbocks von S. 81 in kleinerer
Ausführung

Schwedischer Strohbock

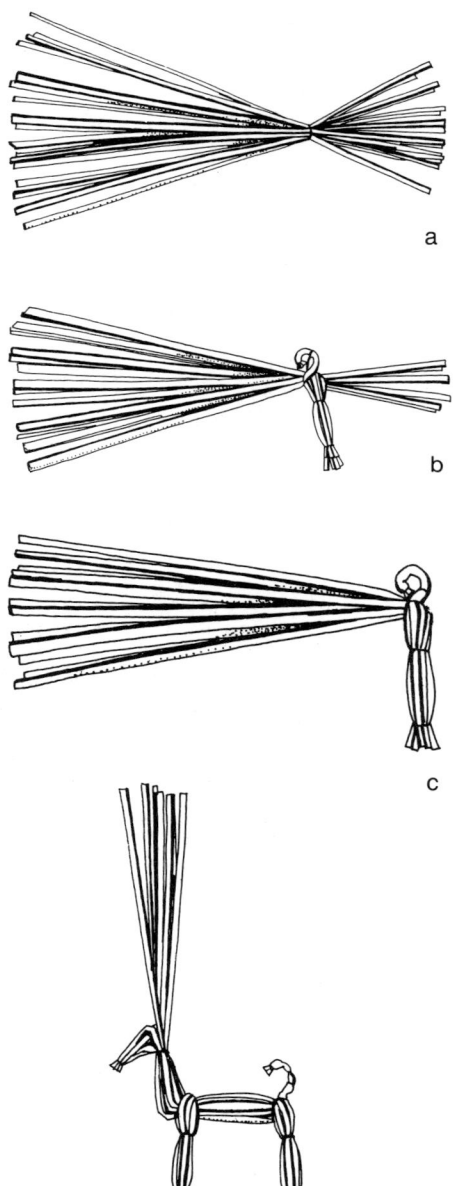

a

b

c

d

e

Goldfarbene Strohböcke mit roten Schmuckbändern haben in Schweden eine lange Tradition. Man findet sie in der Weihnachtszeit in jedem Haus. Sie gehören zum Fest wie bei uns der Heilige Nikolaus. Auch in Dänemark hat der „Julbock" längst seinen Platz in weihnachtlicher Umgebung gefunden, und der Massentourismus bringt es mit sich, daß er weitere Freunde gewinnt. Man macht ihn am besten aus naturbelassenem Stroh, das man im Spätsommer selbst geerntet und getrocknet hat. Zur Verarbeitung muß es nun wieder etwas angefeuchtet werden. Man sollte das Material jedoch nicht zu lange einweichen, da es sonst später sehr stumpf und spröde wird. Der Bock auf dem Foto rechts hat fast die natürliche Größe eines Ziegenböckleins. Damit er besser steht, stecken in seinen Beinen Pappröhren (von Geschenkpapier-Rollen). Wer noch nie einen solchen Bock gebastelt hat, sollte lieber erst einmal eine kleinere Ausgabe des großen Tieres machen. Der Vorgang ist immer gleich, nur braucht man mehr und längeres Stroh für einen größeren Weihnachtsbock.

Für einen kleinen Bock nimmt man eine dicke Handvoll Strohhalme und bindet sie etwa 12 cm von einem Ende entfernt mit einem Bast- oder Baumwollfaden ab (a). Für jedes Hinterbein werden am kurzen abgebundenen Ende, unmittelbar hinter dem Faden, 6 Halme abwärts gebogen und an jeweils 2 Stellen abgebunden. Aus einigen der kürzeren Halme flicht man einen Schwanz, der vorläufig zusammengerollt und festgebunden wird, bis er trocken ist (b). Die restlichen kurzen Halme werden abwärts gebogen und zwischen dem Beinpaar nach vorn geführt (c). Sie ergeben die Dicke des Körpers zusammen mit den anderen Halmen. Man bindet den Rumpf an zwei Stellen ab und biegt wiederum jeweils 6 Halme für die Vorderbeine ab. Sie werden wie die Hinterbeine abgebunden. Nun wird das restliche Strohbündel aufwärts als Hals gebogen und abermals abgebunden, etwa in Höhe des Kopfansatzes. Man teilt danach 6 Halme für die beiden Hörner ab und biegt die restlichen Halme nach vorn als Kopf. An der Schnauze werden sie zusammengebunden (d). Zum Schluß flicht man die beiden Hörner, die aufgerollt und so lange zu Schnecken gebunden werden, bis sie trocken sind (e). Dann stutzt man alle überstehenden Halme gleich lang und verziert den Bock mit roten Schmuckbändern.

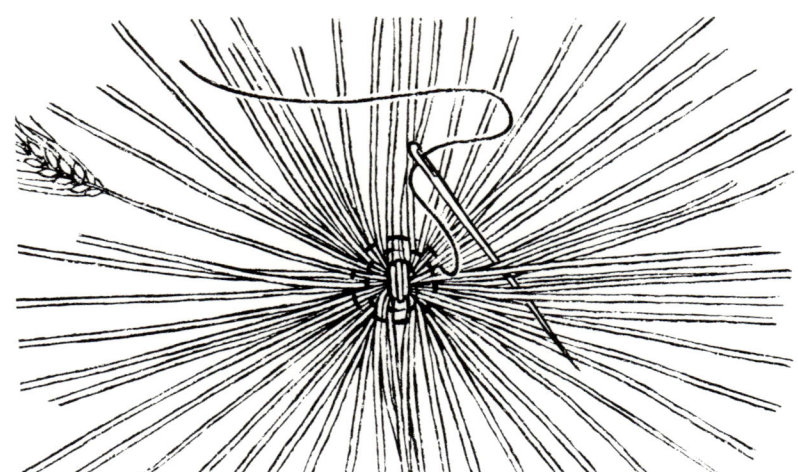

Rustikaler Stern

Dieser rustikale Strohstern paßt gut zu einem schlicht geschmückten Weihnachtsbaum in bäuerlichem Rahmen. Er symbolisiert augenfällig die Armut der Umgebung bei der Geburt Christi. Man benötigt zu seiner Herstellung ein Bündel Naturstroh und etwas Bast zum Binden, ebenfalls naturfarben. Der Stern ist fast doppelt so groß wie die Halme lang sind. Um das zu erreichen, bindet man zwei etwa armdicke Bündel Stroh in der Mitte so zusammen, daß die Halmenden etwa 4–5 cm übereinander liegen und die Spitzen rechts und links nach außen zeigen. Zwei weitere Bündel werden ebenfalls, wie beschrieben, zusammengebunden und kreuzweise darüber gelegt. Danach werden die Halme gruppenweise kreisförmig aufgefächert und um den Mittelpunkt herum mit einfachen Auf- und Abstichen in zwei Runden durchnäht. Das ist alles. Die Halme werden nicht beschnitten. Der fertige Stern wird an der Weihnachtsbaumspitze einfach festgebunden. Auf die gleiche Weise kann man aus durchgehenden Halmen auch einfache kleinere Sterne für den Baum machen und sie als einzigen Schmuck (außer den Kerzen) anbringen.

So werden die Strohbündel sternförmig aufgefächert und durchnäht. Den fertigen Stern bindet man einfach an der Christbaumspitze fest

Osterbaum aus Gerste

Das Material für diesen fast meterhohen Osterbaum sollte man schon im Spätsommer für das nächste Jahr ernten. Er hat als Unterbau ein Kreuzgerüst mit drei Querstreben aus Tapetenleisten. Die senkrechte Leiste ist 90 cm, die drei waagerechten Leisten sind je 35 cm lang. Die Halme werden, an der Spitze der senkrechten Leiste beginnend, in Abwärtsrichtung um die Leiste so herumgelegt und festgebunden, daß das Holz ganz bedeckt ist. Zum Umwickeln nimmt man am besten gelblichen oder weißen Nähfaden. Die waagerechten Leisten werden, von den Enden ausgehend, auf die Mitte zu ebenfalls mit Halmen kaschiert und anschließend mit rotem Perlstickgarn oder Baumwollhäkelgarn umwickelt. Danach bindet man sie mit dem gleichen roten Garnmaterial am senkrechten Ährenstab gut fest, und zwar – von der Leistenspitze gemessen – nach 20, 35 und 50 cm. Anschließend wird das untere Ende des Ährenbaumes mit rotem Garn und einer Schleife verziert. An die Querstreben hängt man Eier, die man aus Salzteig (2 Teile Mehl, 2 Teile Salz, 1 Teil Wasser) formt und mit Salzteigröllchen verziert.

Wer viel Platz in der Wohnung hat, kann sich diesen fast meterhohen Osterbaum an die Wand oder Tür hängen. Er ist geschmückt mit Eiern aus ofengetrocknetem Salzteig

Untersetzer in Schneckentechnik

Die auf dem Foto rechts abgebildeten Untersetzer aus Roggenstroh werden aus glatten, gleichbleibend dicken Wülsten gearbeitet. Bevor man anfängt, wird das Stroh etwa eine Stunde in Wasser eingeweicht und während der Arbeit feucht gehalten. Die gerade nicht benötigten Halme müssen dazu in ein feuchtes Tuch eingeschlagen werden. Sie sollten nicht zu naß sein, das macht sie später stumpf und spröde. Die Arbeit an sich ist recht einfach: etwa daumendicke Wülste werden mit einer stumpfen Nadel (Stramin-Nadel) und Bast schneckenförmig so zusammengenäht, wie es die Zeichnungen links zeigen. Je nach gewünschter Form beginnt man mit runder oder länglicher Mitte. Man näht die folgende Runde jeweils an der vorhergehenden Runde so fest, daß man nur etwa ein Drittel der Wulststärke erfaßt. Die Nadel wird von unten nach oben geführt. Bei umfangreicheren Arbeiten ist es nützlich, aus einem Lederrest, Plastik oder Gummi eine trichterförmige Manschette zu nähen, deren kleinste Öffnung der Stärke des Strohwulstes entspricht. Diese Manschette schiebt man während der Arbeit voran. Sie hält die Halme zusammen und signalisiert auch, wenn das Strohbündel zu dünn wird. Sobald das der Fall ist, müssen neue Halme hinzugefügt werden, und zwar möglichst so, daß sich gleitende Übergänge ergeben. Während der Arbeit muß man darauf achten, daß alle Windungen gleichmäßig fest gelegt werden, sonst wellt oder biegt sich die Arbeit. Ist der Untersetzer groß genug, endet man die letzte Runde, indem man den Strohwulst allmählich dünn auslaufen läßt. Notfalls kann man das durch Herausschneiden einzelner Halme erreichen, besser ist aber ein natürlicher Übergang bis zum Abschluß.

Der fertige Untersetzer wird auf Zeitungen gelegt, mit weiteren Zeitungen bedeckt und mit einem Gegenstand beschwert, bis das Stroh trocken ist.

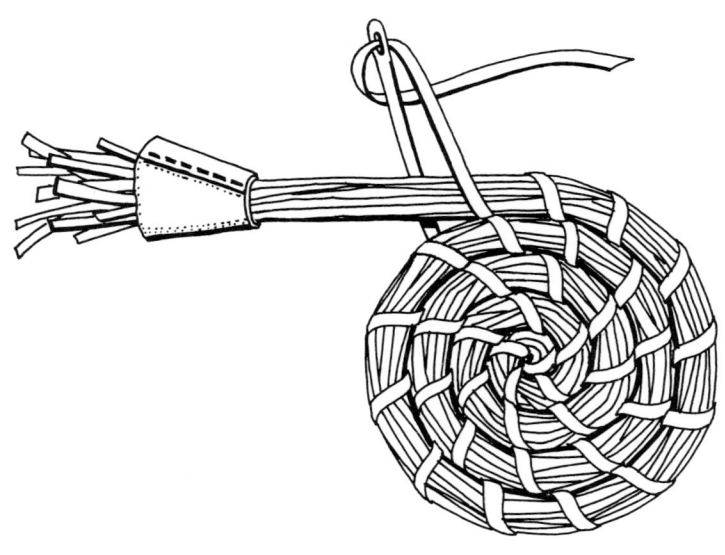

Die Zeichnungen links zeigen jeweils den Anfang bei der Herstellung eines runden und eines ovalen Untersetzers, wie rechts abgebildet

Collagen, Intarsien und Mosaik

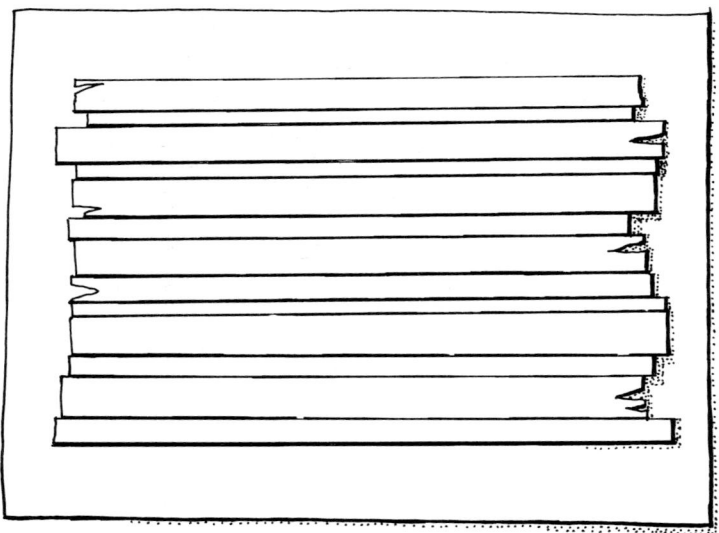

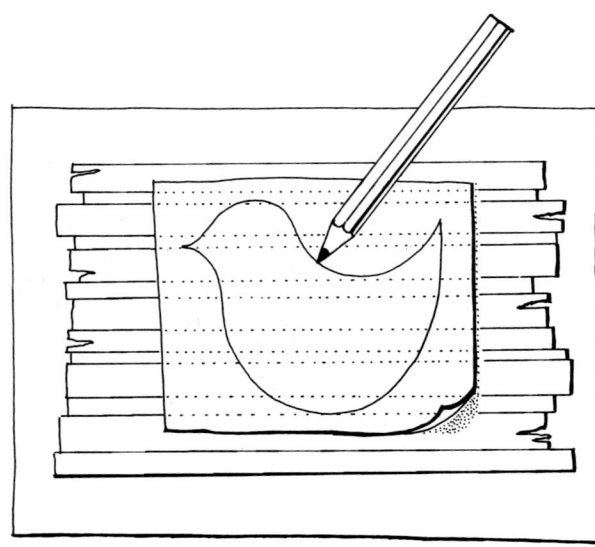

Für die Arbeiten vom Foto rechts eignet sich nicht nur Stroh, sondern man kann auch breitblättrige Grassorten dazu nehmen. Während auf den vorhergehenden Seiten stets ganze Halme verwendet wurden, geht es bei diesen Modellen um die Verwendung von Stroh- bzw. Grasstreifen. Das frisch geerntete Stroh wird in Längsrichtung so aufgeschnitten, daß die runden Halme sich zu Streifen glattstreichen lassen. Man legt sie zum Trocknen zwischen die Seiten eines dicken Buches und preßt sie. Gräser müssen ebenfalls gepreßt werden. Anschließend werden die Stroh- bzw. Grasstreifen mit einem heißen Bügeleisen geglättet, bis die letzte Spur einer Wölbung beseitigt ist und die Halme ganz flach sind. Man sortiert sie nach Glätte, Breite und Farbe, bevor man an den Entwurf geht. In diesen Entwurf bezieht man die vorhandenen Farben mit ein. Möglicherweise müssen einige Streifen gebleicht, gefärbt oder gebeizt werden. Wie das im einzelnen gemacht wird, steht auf den Seiten 72 und 74.

Will man flächige Motive aus Gras- bzw. Strohstreifen ausschneiden, muß man sie auf dünnes Papier kleben, und zwar Streifen dicht neben Streifen. Zum Kleben kann man Weißleim oder Alleskleber nehmen. Die Zeichnung links oben zeigt, wie die Streifen aufgeklebt werden müssen. Hat man Streifen in verschiedenen Farben auf einem Blatt angeordnet, um ein bestimmtes Muster zu erzielen, so muß man den Entwurf, den man später ausschneiden möchte, auf die Vorderseite der Halme übertragen. Man kann dazu Graphitpapier nehmen oder die Konturen mit einem spitzen harten Bleistift einfach durch starken Druck übertragen (Zeichnung links unten).

Man muß die Strohstreifen jedoch nicht unbedingt ausschließlich waagerecht oder senkrecht aufkleben, sondern kann sie auch diagonal, parkett- oder schachbrettartig anordnen. Der Klappervogel auf dem Foto rechts hat zum Beispiel ein Parkettmuster.

Die näheren Anleitungen zu den rechts abgebildeten Stroharbeiten stehen auf den folgenden Seiten

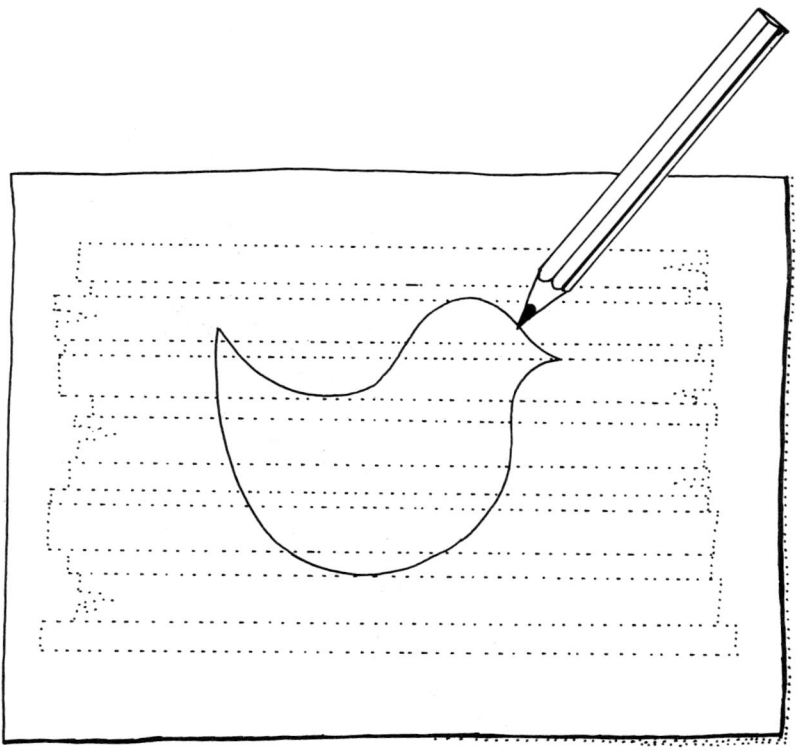

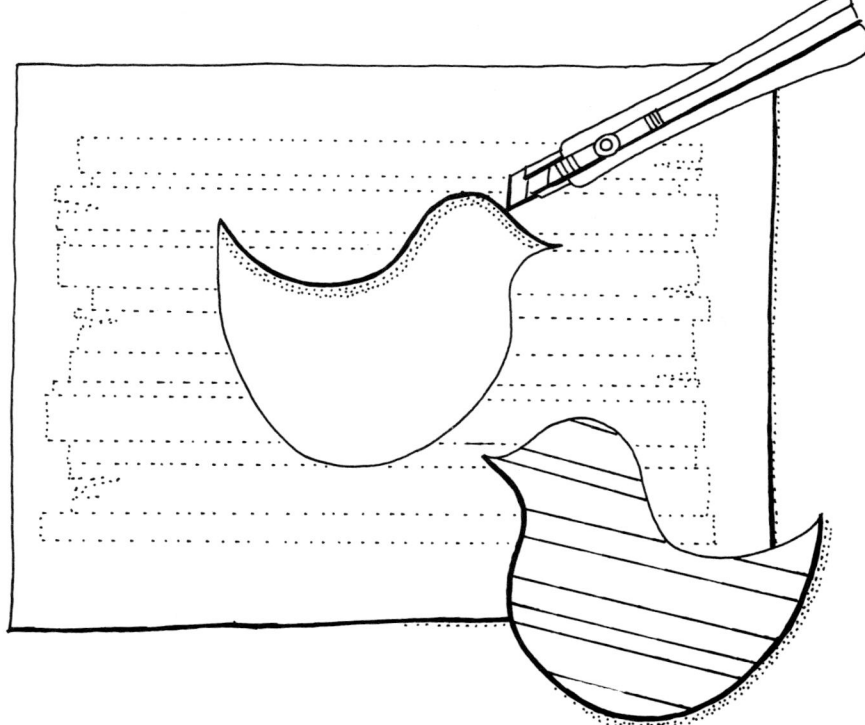

Will man ein Motiv aus einer einfarbigen Streifenfläche herausschneiden, kann man es auf die Papierseite zeichnen (Zeichnung links oben), muß aber daran denken, daß das Motiv dann seitenverkehrt erscheint. Mit einem Papiermesser werden anschließend die Umrisse des Motivs sauber herausgeschnitten. Zur Anfertigung einer Intarsienarbeit (kleine Schachtel mit Ente vom Foto auf Seite 87) kann man den Ausschnitt als Schablone für den Hintergrund benutzen: man kann entweder in den Ausschnitt einen Vogel in anderer Farbe einpassen oder um den ausgeschnittenen Vogel einen anderen Hintergrund zuschneiden. Bei Collagen dagegen werden die einzelnen Bildteile einfach aufeinander geklebt.

Möchte man ein Ei mit Stroh oder Gras verzieren, so sollte man das Papier mit dem aufgeklebten Naturmaterial vorsichtig locker zusammenrollen, bis der Kleber trocken ist. Dadurch entsteht schon gleich die Rundung, die man für die Eiform braucht. Damit Stroh oder Gras beim Aufrollen des Papiers nicht abspringen, wickelt man einen dünnen Stoff (Mullbinde) darum.

Beim Strohmosaik kann man zwei Wege gehen: entweder man schneidet kleine Quadrate und Streifen aus unkaschiertem Naturmaterial (ohne Papier) zu und klebt die Stücke direkt auf den Untergrund (beim Fotobeispiel auf Seite 87 ist es eine runde Dose), oder man schneidet Papier in den Maßen der zu beklebenden Fläche zu, klebt darauf das fertige Mosaikmotiv und beklebt dann damit den vorgesehenen Gegenstand. Die braune Schachtel auf dem Foto von Seite 87 wurde in der direkten Methode bearbeitet.

Zeichnet man die Umrisse eines Motivs auf die Papier-Rückseite der Halme, muß man beachten, daß das mit dem Schneidmesser herausgetrennte Stück seitenverkehrt erscheint

Um eine Kinder-Rassel herzustellen, wie sie auf Seite 87 gezeigt wird, beklebt man zwei Kartonstücke in Vogelform mit Strohstreifen sowie einen weiteren Kartonabschnitt, der so lang sein muß, daß er um die Konturen des Vogels herumreicht und noch 1 cm breit übereinander geklebt werden kann. Er sollte etwa 2 cm breit sein. Achtung beim Bekleben der zwei Vogelhälften: wenn man sie deckend aufeinander legt, müssen die Außenseiten beklebt sein! Den Konturen folgend, klebt man anschließend auf beiden Innenseiten, wenige Millimeter von der Schnittkante entfernt, eine geflochtene oder gedrehte Kordel an. Sie muß sehr gut fest sitzen, denn sie trägt die aus dem langen Streifen bestehende Zwischenblende, die nun zwischen die beiden Vogelteile geklebt wird. Man beginnt mit dem Streifen genau in der Mitte unterhalb des Vogelkörpers dort, wo der Holzstab später eingefügt wird, fährt fort über Brust, Kopf, Rücken und Schwanz und endet wieder in der Mitte. Bevor man den Streifen hier übereinander klebt, schneidet man in den Anfang ein halbkreisförmiges Loch und setzt einen kleinen Rundstab ein, an dessen oberes Ende man eine Holzperle geklebt hat. Das überlappende Ende der Zwischenblende wird ebenfalls entsprechend eingeschnitten und dann mit dem Anfang zusammengeklebt. Um das Loch herum wird reichlich Kleber angestrichen, damit die Perle innen über der Öffnung festklebt. Zum Schluß klebt man in Brust- und Schwanzhöhe des Vogels je einen 5 cm langen Baumwollfaden oder Bindfaden an, an dessen Ende eine Holzperle sitzt. Aus einem Holzkeil wird ein Schnabel geschnitzt und in eine kleine Öffnung der Zwischenblende geleimt. Dreht man den Vogel am Stab hin und her, klappert er laut.

Aus Taiwan kommen die rechts gezeigten, farbenfrohen Buchzeichen, deren Dekore aus bunten Strohstreifen zusammengeklebt wurden

Am Innenrand der beiden Teile des Klappervogels wird eine Kordel aufgeklebt. Auf ihr sitzt später der lange Streifen als Zwischenblende, der die Teile miteinander verbindet

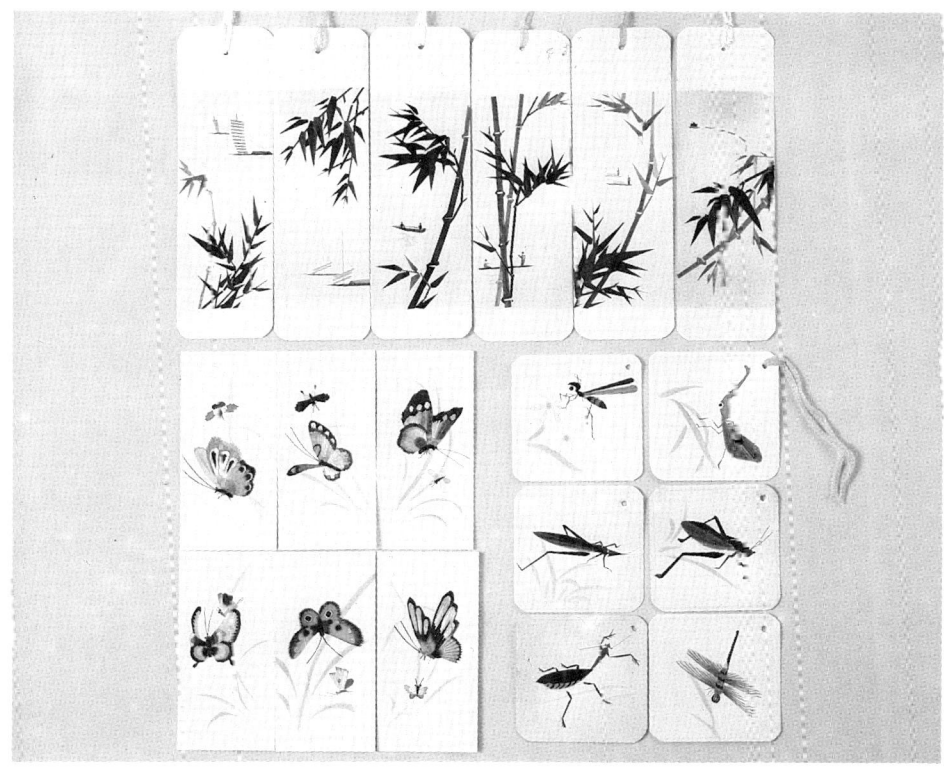

Maisblatt-Puppen

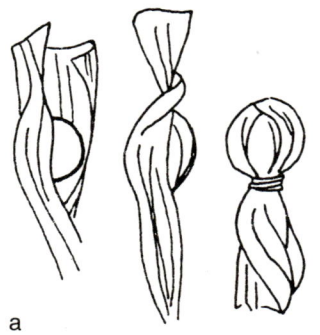

a

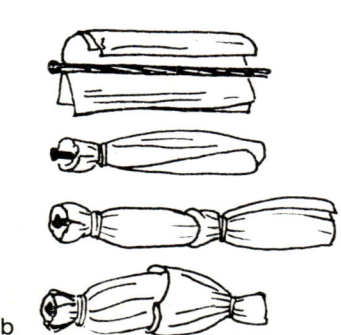

b

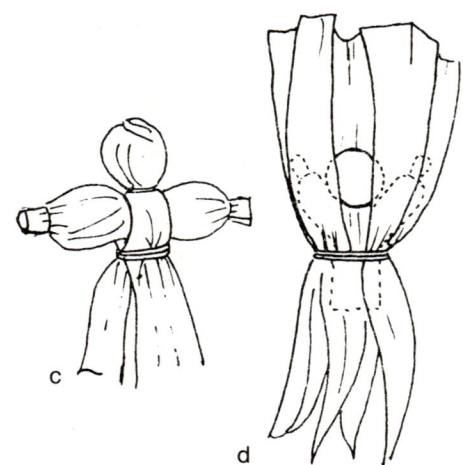

c

d

In den meisten Gegenden wird ausschließlich Futtermais angebaut, der vor seiner vollen Reife bereits geerntet wird. Die Blätter sind dadurch nicht so schön gelb oder gar weißlich, sondern noch grün. Man könnte aber Mais im eigenen Garten anbauen und bis zur vollen Reife stehen lassen. Die Blätter werden dann wie bei anderem Getreide getrocknet und können gebleicht oder gebeizt werden. Es gibt auch Maisblattmaterial zum Basteln fertig zu kaufen. Bevor man die Maisblätter verarbeitet, schneidet man verhärtete Stellen ab und schlägt die Blätter in ein feuchtes Tuch, um sie geschmeidig zu machen. Maisblatt-Figuren kann man auf verschiedene Weise in unterschiedlichen Schwierigkeitsgraden herstellen. Die Zeichnungen zeigen eine einfache Form:

Eine Holzperle (für den Kopf), in deren Loch man ein Streichholz eingeklebt hat, wird wie bei a in ein Maisblatt eingerollt. Für die zusammenhängenden Arme umwickelt man zunächst einen Drahtabschnitt mit einem Blattstreifen und bindet die Enden (Handgelenke) mit einem Faden ab. Dann wickelt man ein Maisblatt so um jedes Handgelenk, daß es seitlich weit übersteht. Diese Überstände werden nach dem Abbinden am Handgelenk beide bis zur Mitte zurückgeschlagen. Die Arme mit den bauschigen Ärmeln, die nun fertig sind, werden nun zwischen die vom Kopf kommenden Blätter geschoben und eingebunden, wie bei c zu sehen. Für den weiten Rock werden mehrere Lagen Maisblätter rund um die Figur so angeordnet und festgebunden, wie bei d dargestellt. Abschließend schlägt man die Blätter in der Taille nach unten und stutzt sie gleich lang.

Früchte und Kerne

Material im Überfluß

Der Spätsommer ist eine Jahreszeit, die Naturmaterial zum Basteln geradezu im Überfluß anbietet. Kastanien, Eicheln, Bucheckern, Maiskolben, Kürbisse, Feuerbohnen, Zapfen von Nadelbäumen und vieles mehr sind leicht zu ernten, zu sammeln oder billiger als sonst zu kaufen.

Die braunen Kastanien in ihrer leider allzu rasch vergänglichen Pracht und die glatten Eicheln animieren zu einfachen Bastelarbeiten, mit denen sich schon kleine Kinder beschäftigen können, oder reizen auch nur zum Betrachten und zum Spielen. Gurkenfrüchte mit ihren unzähligen grünen und braunen Kernen fordern geradezu heraus, daß man die Kerne auf Fäden zu Ketten aufreiht. Bohnen und andere Hülsenfrüchte bieten sich für Collagen und Mosaiken an, während man bei den Zapfen von Nadelbäumen sofort an weihnachtliche Gestecke und Kränze denkt. Nicht jede Bastelarbeit aus derartigem Material ist für die Ewigkeit, aber man hat vielleicht einen trüben Winter lang und bis zur nächsten Ernte Freude daran.

Diese Freude kommt bei Material aus der Natur ja nicht erst mit dem gelungenen Stück, das man daraus gearbeitet hat, sondern das Erlebnis liegt im ganzen Entstehungsprozeß. Es beginnt mit dem Spaziergang, auf dem man sein ganz individuelles Material sucht und zusammenstellt. Material, an dem sich die Phantasie entzündet und oftmals vom ursprünglichen Vorhaben ablenkt. Es setzt sich fort mit dem eigenwilligen Duft, den man erst richtig wahrnimmt, wenn man das Naturgut aus seiner ursprünglichen Umgebung entfernt und in sein Haus bringt. Erst hier, beim Reinigen, Präparieren und Sortieren steigen einem die Düfte so richtig in die Nase, und nicht selten wird man die Vollendung einer Naturmaterial-Arbeit deshalb mit Bedauern betrachten.

Kastanien sind am schönsten, wenn sie gerade aus der Schale kommen. Für größere Bastelarbeiten sind sie nicht geeignet, weil sie rasch austrocknen und unansehnlich werden

Orangendosen

Kleine Dosen aus getrockneten Orangenschalen verströmen einen intensiven Duft, der sehr lange anhält. Man kann sie für Knöpfe, kleine Schmuckstücke oder allerlei Kleinkram verwenden. Am besten eignen sich große feinporige Orangen, die eine dünne Schale haben. Man schneidet sie in der Mitte durch und entfernt vorsichtig das Fruchtfleisch mit einem Messer. Danach zieht man auch die weiße pelzige Innenhaut ab. Nun braucht man zwei einfache Gläser mit geradem Boden, die im Durchmesser geringfügig voneinander abweichen. Man stellt die Gläser mit der Öffnung nach unten auf den Tisch, stülpt über jeden Glasboden eine halbe Orangenschale und drückt die Wölbung möglichst flach auf den Glasboden. Dann bindet man die Überstände der Schale mit einem breiten Band um das Glas herum fest. Das engere Glas gibt dem Bodenteil der Dose die Form, das weite dem Deckel (s. Zeichnungen rechts). Damit die Schale innen nicht schimmelt, nimmt man sie zwischendurch mehrmals für nur eine Stunde vom Glas und bindet sie danach wieder fest. Wenn die Schale lederhart getrocknet ist, kann man sie herunternehmen. Sie verändert dann ihre Form nicht mehr. Länger hält das Orangen-Aroma, wenn man die Schalen vor dem Aufbinden auf die Gläser vorsichtig wendet (s. Zeichnung unten rechts). Man legt dazu eine halbe Schale mit der Schnittkante auf den Tisch und drückt mit dem Finger genau die Mitte herunter. Dann rollt man ganz behutsam die Schnittkante nach oben. Schalen, die so auf Gläser gebunden werden, brauchen zwischendurch nicht abgenommen zu werden, weil die Feuchtigkeit durch die weiße Schicht ausreichend entweichen kann. Die getrockneten Dosen kann man später bemalen und lackieren.

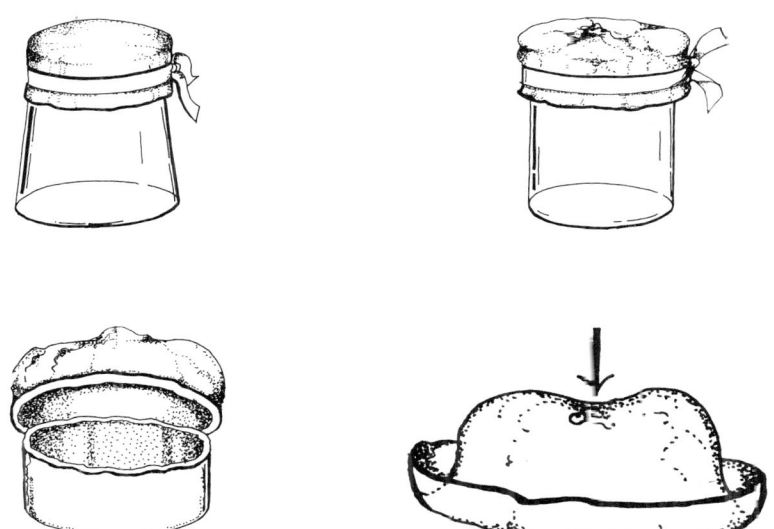

Aus getrockneten Apfelsinenschalen kann man duftende, kleine Dosen herstellen, die nach dem Trocknen lederhart sind und bemalt werden können

93

Duftende Pomander

In eine makellose Orange werden mit einem Hölzchen Löcher vorgestochen, in die man dann Gewürznelken steckt

Die Überlieferung sagt, daß die Hesperieden als erste Orangen und Limonen mit Gewürznelken besteckten und sich an dem Duft erfreuten, während sie im Paradiesgarten die goldenen Äpfel bewachten. Für viele ist der Geruch von Pomandern, wie man diese Kugeln nennt, ein göttlicher Duft.

So macht man sie: Makellose, nicht zu reife Orangen oder Limonen werden mit einem angespitzten Zündholz rundherum so vorgestochen, daß man sie dicht mit Gewürznelken spicken kann. Man läßt lediglich einen Streifen unbespickt, um den man später das Aufhängeband knotet (s. Foto rechts). Nun müssen die Nelkenkugeln ungefähr 10 Tage lang an einem luftigen Platz hängen, damit die Orangen bzw. Limonen trocknen können. Die Temperatur sollte möglichst gering sein, damit die Früchte nicht faulen. Anschließend bereitet man ein Duftgemisch aus Irispulver, Zimt und geriebener Muskatnuß zu gleichen Teilen (man kann auch auf das Irispulver verzichten und Ingwerpulver nehmen) und füllt es in eine Papiertüte. Kein Plastik nehmen, die Früchte „schwitzen" darin und beginnen zu faulen. In die Tüte werden die getrockneten Früchte mit den Nelken gelegt und erst nach etwa drei Wochen wieder herausgenommen. Dann sind sie fertig zum Aufhängen. Ihre größte Duftentfaltung entwickeln sie bei 18–20 Grad Celsius. Nach etwa einem halben Jahr schwindet der Duft. Man kann dann die Prozedur mit dem Gewürzgemisch wiederholen oder die Frucht mit einer Essenz aus Orangen- und Gewürznelkenauszügen, die man „Pomodore" nennt, bepinseln.

Pomander sind ein hübsches und bestimmt willkommenes Geschenk für Leute mit feinen Nasen. Aber auch alle, die Sinn für natürliche Dekorationen haben, werden sich darüber freuen. Pomander kann man mitten im Raum oder auch in einem Schrank aufhängen. Wegen des intensiven Duftes sollten sie von Schlafräumen ferngehalten werden. Besonders zur Advents- und Weihnachtszeit erfüllen Nelkenorangen die Wohnung mit einem angenehmen Geruch, wenn sich Nelken- und Tannenduft mit dem von Kerzenwachs mischten.

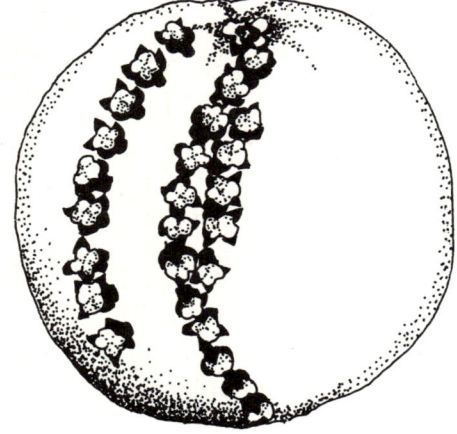

Solche nelkengespickten Orangen nennt man Pomander nach einem Gewürznelkengemisch namens Pomodore, mit dem sie nach einiger Zeit gebeizt werden müssen. Ihr Duft hält etwa ein halbes Jahr an

Kunst aus Kernen

Aus Melonen-, Kürbis- oder Gurkenkernen kann man Armbänder, Ketten, Gürtel und Untersetzer in vielen Variationen herstellen. Die Kerne werden einfach mit einer Nähnadel durchstochen und auf einen Faden aufgereiht. Die Zeichnung oben links zeigt, wie man ein schmales Band aus mehreren Kernreihen in einem Arbeitsgang auf einen einzigen Faden aufreihen kann. Die auf dem Foto rechts gezeigten Bänder sind Abwandlungen des immer gleichen Grundsystems.

Die große Zeichnung unten zeigt die Anordnung von Kernen für einen sternförmigen Untersetzer, der von der Mitte ausgehend gearbeitet wird. Zwischen den Kernen sitzen kleine Holzperlen. Nach der letzten, mit Perlen durchsetzten Runde werden die Zacken der Rosette einzeln in Hin- und Rückreihen gefertigt. Die Fädelvorlage stammt aus der Zeitschrift „BAZAR" aus dem Jahre 1898.

Ketten aus Maiskörnern und Bohnen

Aus Maiskörnern, die man in Holzbeize färben kann, lassen sich lange Sommerketten aufreihen. Der Untersetzer, auf dem sie liegen, wurde aus Maisblatt-Strängen schneckenförmig zusammengenäht

Das Foto auf der gegenüberliegenden Seite zeigt Armketten aus gefärbten Bohnenkernen, die auf einen Faden gereiht wurden. Bohnen sind weicher als Mais und leichter zu durchstechen

98

Brauner Kranz aus Zapfen und Fruchtkapseln

An einem Kranz aus Baumfrüchten, wie er rechts zu sehen ist, kann man das ganze Jahr über Freude haben. Man kann ihn an die Wand hängen oder auf den Tisch stellen. Soll er frei im Raum oder im Fenster hängen, muß er auch auf der Unterseite mit Früchten bestückt sein

Für einen braunen Kranz, wie er rechts gezeigt wird, kann man vielerlei Baumfrüchte sammeln: Fruchtkapseln von Bucheckern, Schalen von Kastanien (die allmählich bräunen), Eicheln mit Bechern, Kiefern-, Lärchen- und Föhrenzapfen. Man breitet das Sammelgut auf einigen Zeitungen aus und läßt es langsam an einem trockenen, kühlen Ort trocknen. Je langsamer das Material trocknet, um so haltbarer ist es später. Trocknen die Waldfrüchte in der Nähe einer Wärmequelle, werden sie leicht brüchig. Nach dem Trocknen füllt man das Sammelgut in einen Plastikbeutel und schüttelt noch anhaftende Erde oder andere Verunreinigungen heraus. Nicht zu hart schütteln, damit nichts von Zapfen und Kapseln abbricht. Als Unterbau für den Kranz kann man entweder einen Strohkranz binden, wie er auf Seite 73 gezeigt wird, einen Kranz aus Besenginster oder Birkenreisig machen, oder einen Styroporkranz im Blumengeschäft kaufen. Ganz gleich, welchen Unterbau man wählt, er muß zunächst mit breiten Streifen aus braunem Krepp-Papier dicht und fest umwickelt werden. Das geschieht einmal, um einen dunklen Untergrund und eine glatte Klebefläche zu haben. Zum anderen muß man Styropor in jedem Fall umkleiden, weil es sonst durch das in vielen Klebstoffen enthaltene Lösungsmittel angegriffen wird. Zum Befestigen der Teile auf dem Kranz braucht man Stecknadeln und Alleskleber (z. B. Pritt).

Bei dem Kranz rechts sind der Innen- und der Außenrand gleichmäßig mit je einer Reihe Bucheckernkapseln bestückt. Die Innenreihe wird zuerst aufgesetzt. Das macht man wie folgt: durch jede Kapsel wird in der Mitte eine Stecknadel geschoben. Dann wird die untere Spitze mit Pritt-Alleskleber oder Weißleim (z. B. Ponal) bestrichen und an ihren Platz gesetzt, indem man die Nadelspitze in den Kranz sticht. Ohne Nadeln würden die Klebstellen nicht halten, weil die Aufsatzpunkte zu klein sind. Auf den Kleber kann man deshalb nicht verzichten, weil die Kapseln sich beliebig drehen, ihren Stand verändern und damit das Gesamtarrangement durcheinanderbringen würden. Ist die Reihe fertig, wird die untere Außenrunde genauso gemacht. Zwischen diesen beiden Begrenzungen ordnet man nun beliebig die anderen Zapfen und Früchte an. Dabei verwendet man zunächst die größten Zapfen, die man auf die Runde verteilt, dann die etwas kleineren und zum Schluß das kleinste Material, mit dem man dann auch noch Lücken schließen kann. Für die ganz kleinen Früchte braucht man keine Nadeln zu nehmen, sie werden zum Teil durch die danebenstehenden größeren gehalten. Wichtig ist, daß der Unterbau des Kranzes zum Schluß ganz bedeckt ist. Auf der Unterseite wird der Kranz nicht beklebt, es sei denn, er soll später frei im Raum hängen.

Es gibt in Hobbyläden präpariertes Material für solche Kränze zu kaufen. Man sollte jedoch lieber versuchen, das Material selbst zu sammeln. Abgesehen von der Freude, die man dabei haben kann, wird ein Kranz aus unverfälschtem Naturmaterial unvergleichlich schöner. Sollte der Naturkranz im Laufe der Zeit einstauben, wird er unter der Brause abgespült. Dann macht man ein Wasserbad, dem man Glyzerin zusetzt, und taucht den Kranz kurz hinein. Nach dem Trocknen an der Luft sieht er wieder frisch aus.

Walnußkerzen

Aus Walnußschalen lassen sich kleine Schwimmkerzen machen. Dazu gießt man flüssiges Stearin in die Schalenhälften, sticht in die noch weiche Masse mit der Stricknadel ein Loch und setzt einen kleinen, gedrehten Baumwollfaden als Docht ein. Dann gießt man etwas Stearin nach

Sumpfpflanzen

Ernte an heimischen Ufern

Die für Bastelarbeiten am besten geeigneten Sumpfpflanzen sind Binsen und Schilf. Die Möglichkeiten zur Verarbeitung von Schilf sind allerdings dadurch begrenzt, daß der Schilf nicht sehr hoch wächst. Für kleine Matten oder auch einfaches Schwimmspielzeug (z. B. geflochtene Boote o. ä.) ist Schilf jedoch gut zu verwenden. Man findet ihn an Ufern von Seen oder langsam fließenden Gewässern sowie in sumpfigen Gegenden. Binsen findet man ebenfalls an den heimischen Ufern, und zwar sowohl in Süß- als auch in Salzwasser. Je nach Bodenverhältnissen und Wasserart gibt es unterschiedliche Binsenarten. Die in stehenden Gewässern wachsende Binse Scirpus lacustris eignet sich besonders gut zum Flechten von Zöpfen, die dann weiter verarbeitet werden. Diese Binsenart ist blattlos und hat als Blüte eine braune Rispe. Sie wird etwa zwei bis zweieinhalb Meter hoch und bleistiftdick. Die Rohre sind mit einem schwammähnlichen geschmeidigen Mark gefüllt, aus dem man Ornamente formen kann. Man verwendet es z. B. zur Verzierung von Ostereiern.

Sumpf- oder Waldbinsen, sogenannte Luculus- und Juncus-Arten, werden nicht so stark und nur knapp einen Meter hoch. Man findet sie an sumpfigen Stellen von Wiesen und Wäldern. Binsen werden kurz vor der Blüte, im Juli geerntet. Man zieht die Halme einfach aus dem Boden. Wenn man jedoch größere Mengen benötigt, erntet man sie besser mit einer Sichel oder einem Messer vom Boot aus.

Die Binsen können sofort nach der Ernte verarbeitet werden, jedoch ist der Materialschwund durch das Eintrocknen später sehr groß, deshalb müssen sie bei der Verarbeitung sehr fest gepreßt und zusammengedrückt werden. Sollen die Binsen gelagert werden, so trocknet man sie wie Stroh (s. S. 72). Später müssen die Binsen dann wieder angefeuchtet werden, um sie geschmeidig zu machen. Das erreicht man, wenn man sie einige Stunden in Wasser einweicht oder sie bei feuchter Luft eine Nacht lang im Freien liegen läßt.

Das obere Foto zeigt eine typische Schilflandschaft. Darunter eine blattlose Teichbinsenart. Aus diesem Material wurde die Matte auf dem großen Foto rechts gearbeitet. Die Arbeitsanleitung dazu steht auf Seite 106/107

Den Umrissen der Sohle folgend, wird
ein Binsenzopf hochkant auf ein
Nagelbrett gelegt. Dann durchnäht
man alle Windungen mit Bast vom
Außenrand auf die Mitte zu

Hausschuhe, Matte und Wollkorb

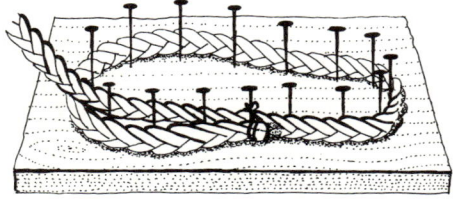
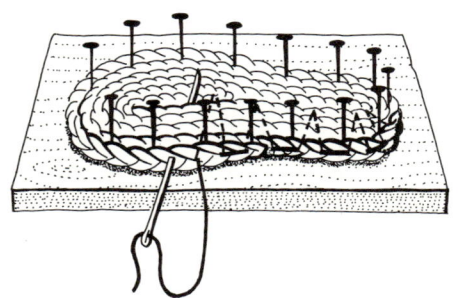

Um die Hausschuhe auf dieser, die
Matte auf der vorigen und den Wollkorb auf der nächsten Seite nachzuar-
beiten, muß man angefeuchtetes Bin-
senmaterial zu einem langen, dreisträh-
nigen Zopf flechten. Jede der drei
Flechtsträhnen besteht aus zwei Bin-
senrohren, so daß man drei Paare hat.
Die sechs Halme werden an einem Ende zusammengebunden und vor dem
Flechten irgendwo angehängt, so daß
man beide Hände zum Arbeiten frei hat.
Damit der Zopf die gleiche Stärke behält, bindet man drei von den sechs
Rohren mit den dickeren Enden und die
anderen drei mit den Spitzen nach
oben zusammen. Sobald das Rohr zum
Flechten zu kurz wird, fügt man neues
ein, und zwar an ein auslaufendes dik-
kes Ende ein neues mit der Spitze und
umgekehrt. Für Hausschuhe zeichnet
man den Umriß des Fußes auf ein entsprechend großes Holzbrettchen und
schlägt entlang der Markierung Nägel
ein, die länger sein müssen als der
Zopf, hochkant genommen, breit ist (s.
Zeichnung links außen). Nun wird die
erste Zopfwindung außen um die Nägel herumgeführt, wobei man den Anfang mit Bast an einem Nagel festbin-
det. Die folgenden Windungen werden
der Form folgend innen bis zur Mitte
gelegt, bis der Zwischenraum zwischen
den Nägeln stramm ausgefüllt ist. Mit
einer, an der Spitze gebogenen, langen
Sattlernadel und Bast werden die Windungen so zusammengenäht, wie auf
der Zeichnung links zu sehen. Auf die
gleiche Weise wird die zweite Sohle gefertigt, die dann umgedreht verwendet
wird (rechter und linker Fuß). Nun näht
man auf die äußere Sohlenrunde hochkant drei weitere Runden. Das Oval für
das Fußblatt wird separat angefertigt.

Der Wollkorb rechts, den man umgedreht auch als Lampenschirm verwenden könnte, besteht aus einem langen Binsenzopf, der für den Boden schneckenförmig und für die Wandungen spiralenartig zusammengenäht wurde

Man beginnt mit einem 8 cm langen Zopfstreifen in der Mitte und arbeitet um dieses Stück herum weiter, bis es die Öffnung des vorderen Schuhteils ausfüllt. Der Zopf für das Oval wird flach verarbeitet. Zum Schluß näht man das Oval an die obere Zopfkante des vorderen Schuhs.

Die Matte von Seite 105 wird im Prinzip auf die gleiche Weise hergestellt wie die Schuhsohlen. Dabei beginnt man jedoch mit einem etwa 25 cm langen Zopf in der Mitte und näht dann 25 Windungen um diesen Strang herum, so daß ein Oval von ca. 35 × 60 cm entsteht. Soll die Matte kleiner sein, muß man mit einem entsprechend kürzeren Mittelzopf beginnen. Als Anhaltspunkt für eine ausgewogene Proportion gilt folgende Regel: man näht so viele Windungen um den Mittelzopf herum, wie dieser Zentimeter mißt.

Für eine runde Matte beginnt man mit einem zusammengerollten Zopfende und arbeitet schneckenförmig nach außen. Für Fuß- und Bodenmatten wird der Zopf hochkant verarbeitet, für Tischmatten nimmt man ihn besser flach. In diesem Falle sollte man auch nur drei Rohre zum Flechten nehmen.

Der Wollkorb vom Foto rechts, den man auch als Blumen-Übertopf oder, umgedreht, als Lampenschirm verwenden könnte, besteht aus einem hochkant verarbeiteten Bodengeflecht, auf dessen letzte Runde 13 Spiralenwindungen flach aufgenäht wurden. Der Bodendurchmesser bei dem gezeigten Modell beträgt 18 cm, die Höhe 16 cm. Bei allen hier beschriebenen Arbeiten wird das Zopfende der letzten Runde allmählich ausgedünnt (schräg abgeschnitten), mit Bastfaden umwickelt und festgenäht.

Die Zeichnungen zeigen, wie ein Tragekorb entsteht: Schilfblätter werden ausgebreitet und locker zusammengeheftet. Mit Bastfäden wird der Randwulst befestigt und zugleich der Boden umspannt. Dann werden die Seitenstreifen vorgefertigt. Der obere Randwulst wird für das Verdeck geteilt

Tragekorb für den Teddy

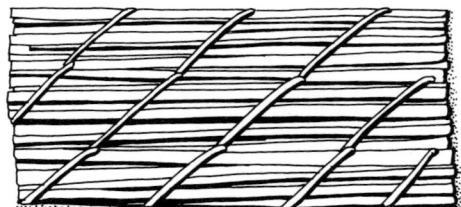

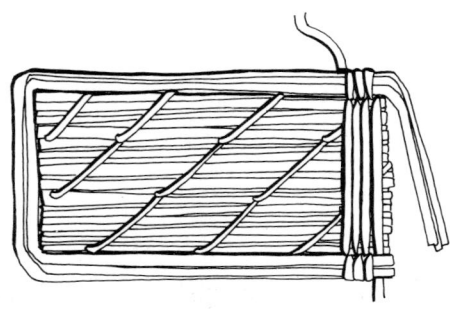

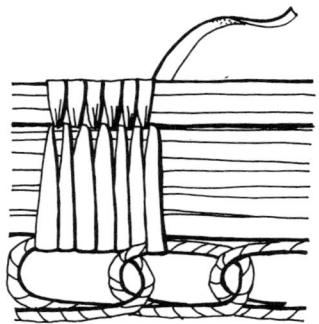

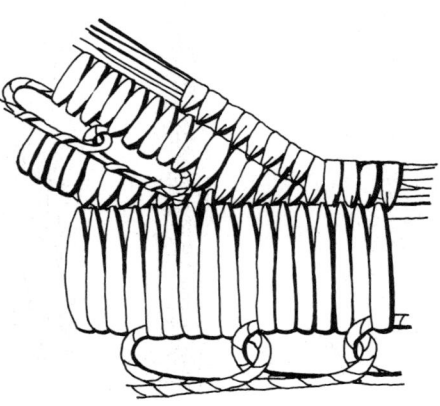

Kleine Puppen- oder Stofftiermütter brauchen etwas, um ihren Anhang mitnehmen zu können. Ein kleiner Tragekorb aus Schilfblättern und Bast ist dazu genau richtig, denn er ist leicht und unempfindlich. Die Zeichnungen links zeigen den Werdegang:

Getrocknete Schilfblätter, die nicht angefeuchtet zu werden brauchen, legt man in einer etwa daumendicken Lage auf dem Tisch aus. Die Fläche soll etwas kleiner als der geplante Korbboden sein. Mit Bastfäden durchnäht man die ganze Lage so, daß sie locker zusammenhält (Zeichnung oben). Um den Rand herum legt man einen dicken Strang aus locker zusammengebundenen Schilfblättern, der so lang sein muß, daß er um den Außenrand herum paßt. Dieser Strang wird mit doppelt genommenen Bastfäden so am Boden befestigt, wie es die mittlere Zeichnung zeigt (die Wickelfäden des Randstranges wurden der besseren Übersicht wegen weggelassen). Dabei umnäht man mit einer Fadenwindung den Randwulst, führt den Faden über dem Boden zur gegenüberliegenden Seite und umwindet hier den Randwulst anderthalbfach, so daß man den Faden nun unter dem Boden zur anderen Randseite wieder zurückführen kann. So arbeitet man weiter, bis Rand und Boden dicht mit Bastfäden umsponnen sind. Die beiden Schmalseiten werden ebenso bearbeitet, jedoch führt man hier den Spannfaden unter den bereits gespannten Fäden zur gegenüberliegenden Seite und zurück.

*Aus Schilfblättern und Bast kann man
einen kleinen Tragekorb für Teddy oder
Puppe machen*

Die aus zwei einzeln gefertigten Runden bestehenden Korbwände stellt man wie folgt her: man flicht oder dreht aus gut durchfeuchtetem Naturbast einen langen, dünnen Strang (man kann ihn während des nächstfolgenden Arbeitsganges beliebig verlängern). Während man nun für die untere, an den Korbboden anschließende Runde eine etwa handbreite, fingerdicke Lage Schilfblätter so mit Bast umschürzt wie beim Bodenteil, faßt man anstelle eines zweiten Randwulstes an der unteren Kante den zu Schlaufen geschlungenen dünnen Strang mit (s. Zeichnung unten links, außen). Die nun folgende zweite Runde wird aus einem etwa 10 cm längeren Strang wie die erste gearbeitet, jedoch teilt man dort, wo eine Art Verdeck entstehen soll, den Randwulst in zwei Stränge, die separat so umschürzt und miteinander verbunden werden, wie es die Zeichnung unten links deutlich macht. Man schließt die Runden jeweils, indem man Anfang und Ende der Schilflage einfach etwa 4 cm breit übereinanderlegt und so umschürzt. Abschließend näht man die untere Runde mit den Schlaufen am Boden und die folgende Runde mit den Schlaufen am oberen Rand der Vorrunde gut fest und fertigt aus dicken Flechten oder gedrehten Kordeln zwei Tragegriffe an Diese Griffe müssen sehr gut festgenäht und an den Enden jeweils mit einem Knoten versehen werden.

Großer Binsenkorb

Der große Korb auf dem Foto rechts hat einen Durchmesser von 25 cm. Der Boden besteht aus einem schneckenförmig zusammengenähten Binsenzopf. Die Wandungen wurden aus glatten Binsensträngen aufgebaut und mit Kettenstichen (s. Zeichnung unten) zusammengenäht

Für naturverbundene Leute wäre ein großer, selbstgemachter Korb aus Binsen ein sicher willkommenes Geschenk. Wer sich besonders viel Mühe macht, kann das Geschenk durch Wolle ergänzen, die mit Pflanzenfarben selbst eingefärbt wurde. Es gibt gerade in jüngster Zeit viel Fachliteratur über das Färben mit pflanzlichen Stoffen, z. B. das Ravensburger Freizeit-Taschenbuch Nr. 5 von Gudrun Schneider „Färben mit Naturfarben" oder das in der Reihe der Ravensburger Ideenbücher erschienene Buch von Thomas Browne „Färben und Drucken". Natürlich kann man den Korb auch mit Obst oder Gemüse füllen. Leer verschenken sollte man ihn nicht. Der Korb wird wie folgt hergestellt:

Man braucht die am Kapitelanfang erwähnte dicke Wasserbinsenart Scirpus lacustris, die man entweder gleich nach der Ernte im Juli frisch verarbeitet oder nach dem Trocknen und Lagern vor der Verarbeitung wieder anfeuchtet. Zum Anfeuchten legt man das Material etwa 4–5 Stunden in kaltes Wasser oder 1 Stunde in warmes Wasser. Um das Material während der Arbeit feucht und geschmeidig zu halten, schlägt man es in einen feuchten Jutesack oder ein anderes altes Tuch ein. Zunächst flicht man aus drei Strangpaaren, die man an einem Ende zusammenbindet und irgendwo anhängt, einen gleichmäßigen Zopf. Damit die Stärke des Zopfes gleich bleibt, werden von den sechs Flechtrohren drei mit dem dicken Ende und drei mit der Spitze zusammengebunden. Man verlängert die Stränge beim Flechten, indem man rechtzeitig neues Rohr so anlegt, daß sich die Enden überlappen, und zwar legt man an auslaufendes dickes Rohr neues mit

der Spitze an, an auslaufendes dünnes neues Rohr mit dem dicken Ende. Der fertige Zopf wird hochkant genommen und schneckenförmig Runde für Runde zusammengenäht. Dabei näht man die jeweils folgende Runde nur an der vorherigen an. Ist der Boden groß genug (bei dem gezeigten Modell auf dem Foto rechts hat er einen Durchmesser von 25 cm), werden dem Zopf als Fortsetzung ungeflochtene Stränge zugefügt, die man einzeln wie folgt mit den vorhandenen verbindet: mit einem spitzen Messer wird etwa 3–4 cm weit das Mark aus dem Rohr herausgeschält. Dann schiebt man das anzusetzende Rohr hinein und umwickelt die Ansatzstelle fest mit Bast- oder Sisalfaden. Der Aufbau der Wandungen erfolgt aus ungeflochtenen Strängen, die spiralenartig geführt werden. Man heftet sie zunächst provisorisch mit großen Stichen zusammen, um sie in ihrer Position zu halten. Danach näht man die Windungen mit großen, übergreifenden Kettenstichen so zusammen, wie es die Zeichnung links zeigt. Die anfangs ausgeführten Heftstiche werden wieder gelöst. Man kann während des Aufbaus auch die einzelnen Runden gleich befestigen, indem man die Kettenstiche nicht über-, sondern nebeneinander in gleichmäßigen Abständen ausführt und dabei von Stich zu Stich den Faden auf der Innenseite des Korbes weiterlaufen läßt. Diese Methode hat zwei Nachteile: man sieht später den Faden zwischen den Kettenstichen, und man kann die Form nicht so gut herausarbeiten, weil – im Gegensatz zu der Vorheftung – keine Korrekturen mehr möglich sind.

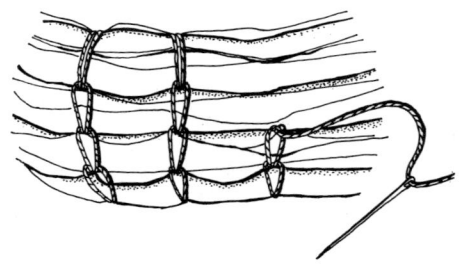

Enten aus Schilf

So macht man Schwimm-Enten aus Schilfblättern und Holz

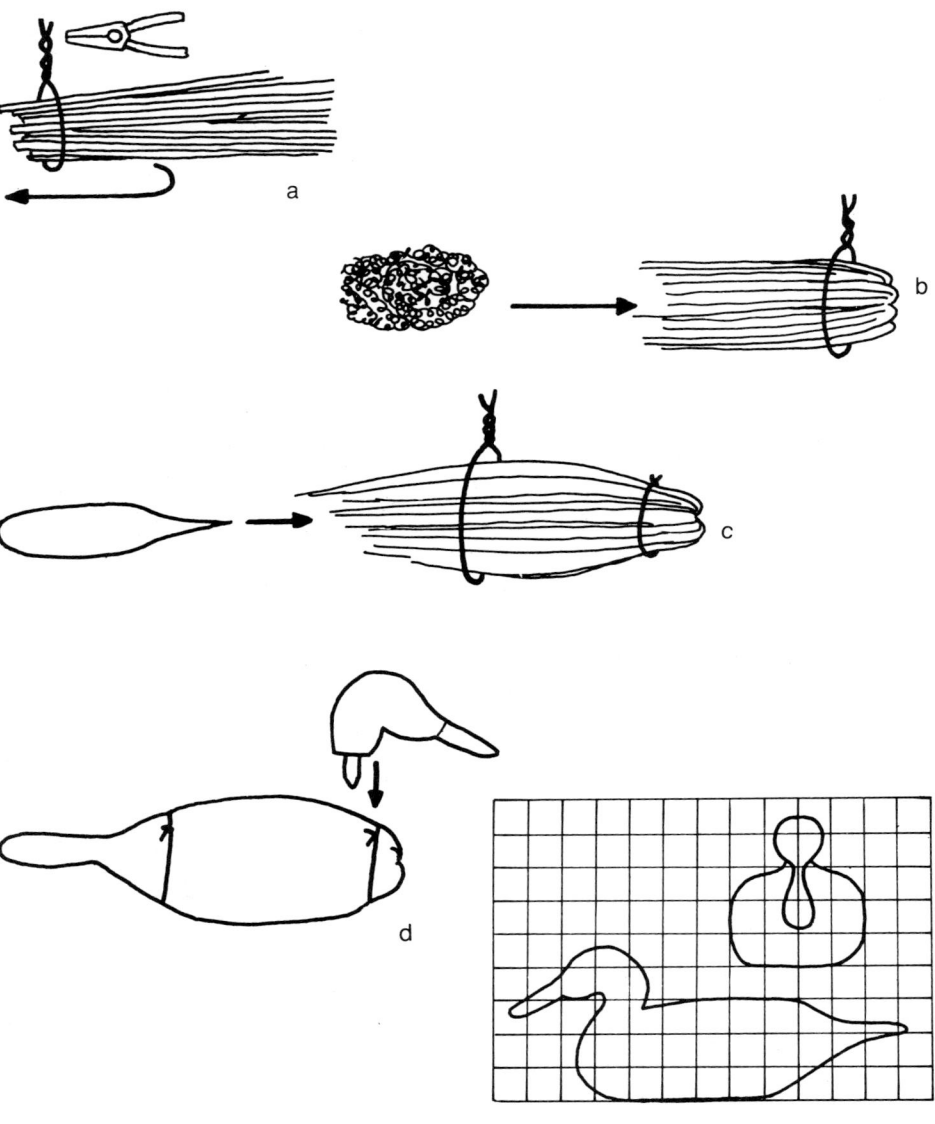

Aus Teichbinsen, Gladiolen- oder Schilfblättern, die man nach der Ernte getrocknet und vor der Verarbeitung wieder angefeuchtet hat, kann man solche Enten machen, wie sie auf dem Foto rechts gezeigt werden.

Zunächst bündelt man so viel Schilf (oder anderes Material) zusammen, wie man mit einer Hand gerade noch umfassen kann, und umwickelt es an einem Ende mit Hanfschnur oder Gärtnerdraht (nicht Blumendraht). Dann fächert man die Blätter auseinander und biegt sie über die abgebundene Stelle in die entgegengesetzte Richtung (a). Dort umwickelt man das Bündel noch einmal ziemlich fest. Kurz hinter dieser umwickelten Stelle biegt man die Blätter und Fasern etwas auseinander und schiebt ein Bündel Abfallmaterial (Schilf, Binsen oder Holzwolle hinein), das etwa so groß ist wie zwei Fäuste (b). Die Schilfblätter werden um die Einlage herum gleichmäßig verteilt, so daß nichts von dem Füllmaterial sichtbar ist. Aus einem etwa 3,5 × 11 cm großen Holzabschnitt schnitzt man einen Entenschwanz, der ungefähr der auf der Zeichnung c dargestellten Form entspricht. Er wird in das offene Ende des Schilfbündels geschoben, vorher jedoch auf beiden Seiten ganz mit Alleskleber (z. B. Pritt) bestrichen. Dann drückt man die Schilfblätter fest an den Schwanz und schneidet alle Überstände der Schwanzform entsprechend mit einem scharfen Messer ab, sobald der Kleber getrocknet ist. Den Körper der Ente umwickelt man hinter der eingeschobenen Einlage noch einmal fest mit Hanf oder Draht (c). Aus Balsaholz oder anderem Weichholz schnitzt man einen Kopf, dessen Hals in einem Rundholzstab endet. Dieser wird vorn zwischen die Schilfblätter gesteckt und festgeklebt (d). Abschließend drückt man den Körper in die richtige Form und schneidet eventuell überstehendes Material mit einer Schere ab. Man kann die Ente nun noch farbig anstreichen oder sie in dem Naturton des Arbeitsmaterials belassen.

Die Schemazeichnungen im Karonetz sollen einen Anhaltspunkt für Form und Maße der Ente geben. Ein Quadrat entspricht 3 cm der Originalgröße.

Hier noch einmal die auf den vorigen
Seiten gezeigten und beschriebenen
Schwimm-Enten in ihrem Element. Sie
können Spielzeug für Kinder, Zierde für
den Gartenteich oder Lockvögel für
Flugenten sein

Exotische Gewächse

Material aus fernen Ländern

Zu den exotischen Gewächsen, die Material zum Basteln und Flechten liefern, zählt man vor allem die Kokospalme, die Rotangpalme, Bambus und verschiedene Agaven-Arten.

Die Blätter der Kokospalme werden zum Flechten von Matten verwendet. Man bekommt sie bei uns nicht im Handel. Anders die Fasern der Kokosnüsse, die als geflochtene oder gedrehte Kordeln in Hobbyläden, bei Seilereien und gelegentlich auch im Teppichhandel zu haben sind. Die stachelige Rotangpalme, deren dornige Kletterranken bis zu 150 m lang werden, liefert uns das Peddigrohr. Dazu werden die Ranken geschält und maschinell so weit abgeschliffen, bis das Mark zum Vorschein kommt. Dieses Mark ist das Material, das es in verschiedenen Stärken im Hobbyhandel und bei Korbflechtereien zu kaufen gibt. Das starre Peddigrohr muß vor der Verarbeitung zu Körben und anderen geflochtenen Gegenständen gut durchfeuchtet werden, damit es nicht bricht. Außer ganzen Rohren gibt es auch noch in Längsrichtung halbiertes Material, das man Spaltpeddig nennt. Man verwendet es vorwiegend zum Umflechten eines Kerns, z. B. dicke Staken eines Korbhenkels.

Peddigrohr kann man durch Behandlung mit Bleichmitteln aufhellen (s. Kapitel Stroh) oder mit Holzbeize einfärben. Außerdem kann man fertiges Geflecht mit Lackfarbe anstreichen. Am schönsten ist das Rohr jedoch in naturbelassenem Zustand.

Die Blätter bestimmter Agavenarten liefern das vielseitig verwendbare Sisalmaterial. Die faserigen Blätter werden nach einer Spezialbehandlung zu Kordelschnüren in zahlreichen Stärken versponnen oder unversponnen gebün-delt auf den Markt gebracht. Sisalschnüre kann man wie anderes Garnmaterial verwenden: zum Knüpfen, Weben, Stricken, Häkeln oder Flechten. Da das Material sehr rauh ist, sollte man bei der Verarbeitung Handschuhe tragen, zumindest dann, wenn es sich um eine größere Arbeit mit grober Materialstruktur handelt. Sisalschnur gibt es in Hobbyläden, bei Seilereien, Geschäften für nautischen Bedarf und Geschäften, die mit Verpackungsmaterial handeln. Da das Material weitgehend feuchtigkeitsbeständig ist, eignet es sich gut für Matten in feuchten Räumen (Sauna, Bad).

Bambus gehört zur größten Form der tropischen Grasgewächse, deren Stämme bis zu 40 m hoch werden. Es wächst in feuchtwarmem Klima – vor allem in Ostindien und Südostasien. Kleinere ostasiatische Bambusarten gedeihen auch in europäischem Klima und werden häufig als Zierpflanzen gehalten. Das dunkelgefleckte Pfefferrohr wird von der Industrie zur Herstellung von Schirmkrücken und Spazierstöcken bevorzugt. Bambus gibt es in Stärken von 2 mm Durchmesser bis Armdicke. Man bekommt es in Gärtnereien, Samenhandlungen, Holzhandlungen und im Hobbybedarfshandel. Das Material ist sehr preiswert. Man verarbeitet es wie Holz und benutzt auch die gleichen Werkzeuge und Klebstoffe.

Ketten aus Abschnitten von dünnem Bambusrohr. Die dunklen Ketten wurden mit Holzbeize behandelt und mit Wachs poliert. Zwischen den Bambusstückchen sitzen Porzellanperlen. Die mittlere Kette wurde naturbelassen

Flöten aus Bambusrohr

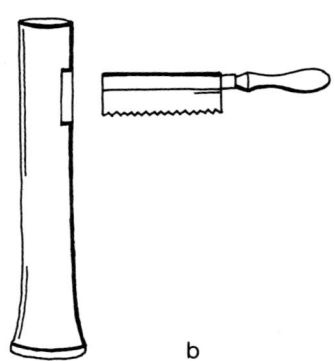

a

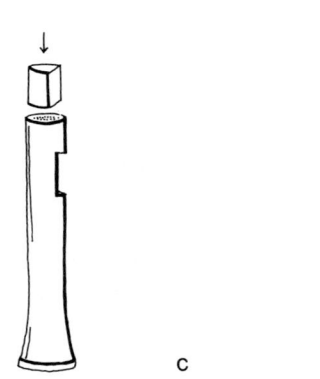

b

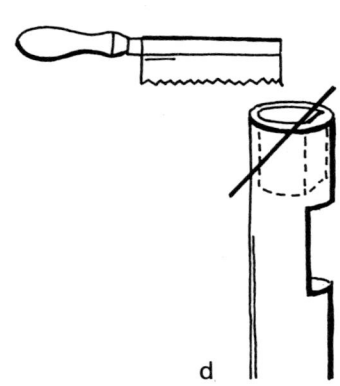

c

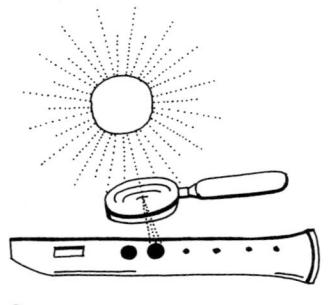

d

e

Eine Flöte aus Bambusrohr zu machen ist ein Kinderspiel. Man braucht dazu einen Bambusrohrabschnitt, der mindestens daumendick (lieber etwas stärker) und zwischen zwei Knoten mindestens 35 cm lang sein sollte. An Werkzeug braucht man eine kleine Säge (Leistensäge, Laubsäge, Fuchsschwanz, Bügelsäge o. ä.) und ein Taschenmesser, als Hilfsmittel ein Brennglas (Lupe oder herausgeschraubte Linse eines Opernglases), ersatzweise einen dicken Nagel.

Zuerst wird der Bambusabschnitt so zugesägt, wie es die Zeichnung a zeigt: das obere Mundstück-Ende sägt man unterhalb des Knotens ab, das untere Ende der Flöte möglichst mitten durch den Knoten, so daß sich die Öffnung etwas verengt. Etwa 2 cm von der oberen Schnittkante entfernt macht man einen kleinen waagerechten Sägeschnitt, 1 cm darunter parallel dazu einen zweiten (Zeichnung b). Das Holz wird nun zwischen den beiden Einschnitten senkrecht so eingeritzt (Taschenmesser oder Küchenmesser), daß ein Rechteck entsteht. Dieses Rechteck wird herausgeschnitten. Nun kommt der Pflock für

den Luftkanal im Mundstück. Ein 2 cm langer Rundholzabschnitt, der genau in die obere Flötenöffnung passen muß, wird an einer Seite etwas abgeflacht (mit dem Messer abspalten) und so in die Flöte geleimt, wie es Zeichnung c zeigt. Der Pflock muß mit der oberen Sägekante der Flöte bündig verlaufen. Zum Kleben nimmt man am besten Weißleim. Er muß ganz stramm in der Öffnung sitzen, deshalb sollte man nur trockenes Holz verwenden, das nicht mehr schwindet. Ist der Kleber gut durchgetrocknet, wird das Mundstück schräg abgesägt, und zwar in Höhe der abgeflachten Pflockseite beginnend, schräg nach hinten abfallend, wie es auf der Zeichnung d gezeigt wird. Zum Schluß werden die Grifflöcher zur Bestimmung der Tonhöhen ausgehoben. Das kann man auf verschiedene Weise machen: Einmal kann man ein Brennglas nehmen und sich die Sonnenwärme zunutze machen. Zum anderen kann man einen Nagel glühend machen und die Löcher ausbrennen (mit dem Taschenmesser nacharbeiten) oder man bohrt die Löcher mit einem kleinen Bohrer hinein und vergrößert sie durch Nachschnitzen mit dem Messer. Die letzte Methode birgt die Gefahr in sich, daß das spröde Bambusmaterial beim Bohren spaltet.

Die Abstände der 6 Löcher müssen genau gleich sein. Sie betragen von Lochmitte zu Lochmitte 2,5 cm. Man beginnt mit der Markierung des unteren Lochs 3 cm vom unteren Ende gemessen.

Einfache Flöten aus Bambusrohr mit verschiedenen Verzierungen. Links auf dem Foto: die Entstehungsphasen einer Flöte

Panflöte

Eine Panflöte wie rechts auf dem Foto ist leicht zu bauen. Man braucht nur Bambusrohrabschnitte und Bindfaden dazu. Das Spielen auf der Flöte ist weitaus schwieriger

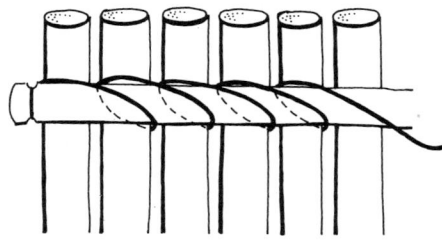

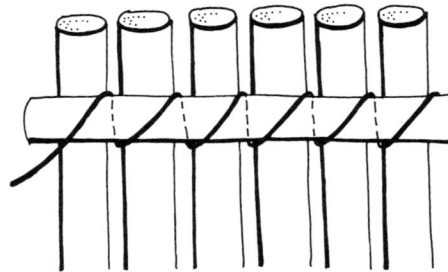

Mit der Panflöte verbindet sich für Freunde der griechischen Mythologie die Figur des Hirtengottes Pan, nach dem diese Flöte benannt wurde. Jedenfalls gerät auf diese Weise dieses simple Blasinstrument, das so leicht zu bauen und so schwer zu spielen ist, nicht in Vergessenheit. Man braucht nur wenig Material und Werkzeug, um die Flöte zu basteln: Bambusrohrabschnitte in verschiedenen Stärken, gewachsten Bindfaden (Drachenschnur oder Zwirn) und eine einfache Säge. Das ist schon alles. Allerdings sollte man viele verschiedene Rohrstärken, von denen man nur kleine Stücke braucht, zur Verfügung haben, um eine einigermaßen harmonische Tonabstimmung erreichen zu können. Diese Tonabstimmung ist das schwierigste am ganzen Flötenbau, denn die Flöte selbst besteht ja nur aus Röhren, die, auf beiden Seiten durch Spaltrohr versteift, zusammengebunden werden.

Um die einzelnen Tonhöhen herauszufinden, muß man erst einmal lernen, wie man einen Ton erzeugt. Man legt dazu die Unterlippe oben gegen die Röhrenöffnung (nicht auf die Öffnung) und schiebt die Oberlippe so über die Öffnung, daß sie sie halb bedeckt. In dieser Mundstellung bläst man in das Rohr, dessen Resonanzboden vom nächsten Knoten gebildet wird. Es ist im Prinzip die gleiche Technik, die man anwendet, wenn man in eine Flasche bläst. Tonhöhen und -tiefen werden einmal durch den Rohrdurchmesser bestimmt, zum anderen durch den Abstand der oberen Schnittkante zum nächsten Knoten. Es ist also möglich, mit einem kurzen dicken Rohr den gleichen Ton zu bilden wie mit einem langen dünneren Rohr. Aus dieser Tatsa-

che erklärt es sich auch, daß die Röhren der Flöte auf dem Foto rechts sich nicht exakt vom tiefsten zum höchsten Ton verkürzen, sondern eine etwas zackig verlaufende Unterkante ergeben. Wenn man sehr viel Bambusmaterial (und Geduld!) hat, kann man natürlich so lange herumprobieren, bis man eine gleichmäßige Abschrägung bei wohlabgestufter Tonfolge erreicht.

Die fertig geschnittenen Röhren werden nach Tonhöhen geordnet nebeneinander gelegt und mit einem breiten Klebstreifen gesichert. Dann spaltet man zwei längere Bambusrohre in vier Hälften. Die Streifen müssen so lang sein, daß sie über alle Röhren reichen und an den Enden je 1 cm überstehen. Dabei ist darauf zu achten, daß ein Streifenpaar länger sein muß, weil es dem schrägen Verlauf der Röhren folgt (s. Foto). Zuerst schiebt man einen Streifen des kürzeren Paares so unter die Röhren, daß es etwa 3 cm von den oberen Schnittkanten der Röhren entfernt verläuft. Der zweite Streifen kommt deckend auf die Vorderseite. Mit doppeltem Zwirn oder einfach genommenem Bindfaden, den man durch eine Kerze ziehend einwachst, werden die beiden Deckleisten so miteinander verbunden, wie es die Zeichnung links oben zeigt. Hat man alle Röhren umwunden, wird der Faden wieder zurückgeführt, und zwar so, wie auf der Zeichnung links unten zu sehen (die Fadenführung der Hinreihe wurde der Deutlichkeit halber weggelassen). Hat man alle Windungen ausgeführt, verknotet man Anfang und Ende des Fadens miteinander. Auf die gleiche Weise wird nun das schräg verlaufende Deckleistenpaar befestigt. Zum Schluß reißt man den Klebstreifen ab.

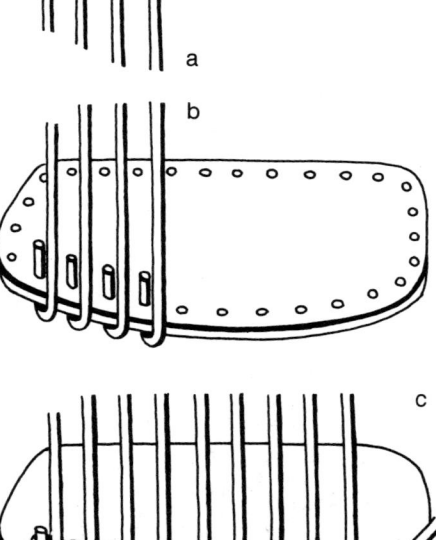

a

b

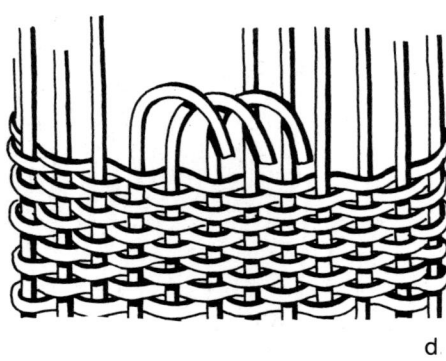

c

Fahrradkorb

Für einen Fahrradkorb wie er rechts abgebildet ist, braucht man 1 Rolle 1,5 mm starkes Peddigrohr für die Staken (das Flechtgerüst), zwei Rollen Rohr von 1 mm Stärke zum Durchflechten und etwas Spaltrohr zum Umflechten des oberen Holzrandes. Außerdem braucht man zwei Stücke Sperrholz, etwa 2,5–3 mm stark, je 16 × 27 cm groß, und zwei je 35 cm lange Zink- oder Eisendrahtabschnitte (Weidenzaundraht) von 1,5 mm Stärke. An Werkzeug braucht man einen 1,5 mm starken Bohrer, eine kräftige Zange zum Biegen der Drahtabschnitte, die später die Aufhängevorrichtung des Korbes bilden, und eine Laubsäge. Zuerst sägt man das Bodenbrett aus Sperrholz in der aus den Zeichnungen links ersichtlichen Form. Beim Modell auf dem Foto rechts ist es 27 cm lang, an den Schmalseiten jeweils 11 cm und über die Mitte 16 cm breit. In der gleichen Form wird das zweite Brett zugesägt, jedoch sägt man anschließend das Mittelstück der Form folgend heraus, so daß sich ein 15 mm breiter Rand ergibt. Anschließend bohrt man in das Bodenbrett, 5 mm vom Rand entfernt, rundherum in gleichmäßigen Abständen eine ungerade Anzahl Löcher, in die man anschließend die dicken Rohrstaken so einschiebt, daß sie nach oben 6 cm hervorstehen (s. Zeichnung). Vorher müssen die Staken auf 35 cm Länge zugeschnitten und 10 cm hoch in Wasser eingeweicht werden, damit sie geschmeidig sind (nicht die ganzen Rohre einweichen, nur die Enden). An der hinteren geraden Kante des Bodenbretts werden in zwei Löcher anstelle der Rohrstaken die beiden Drahtabschnitte eingesetzt, und zwar etwa 5 cm rechts und links neben der Mitte, so daß sie

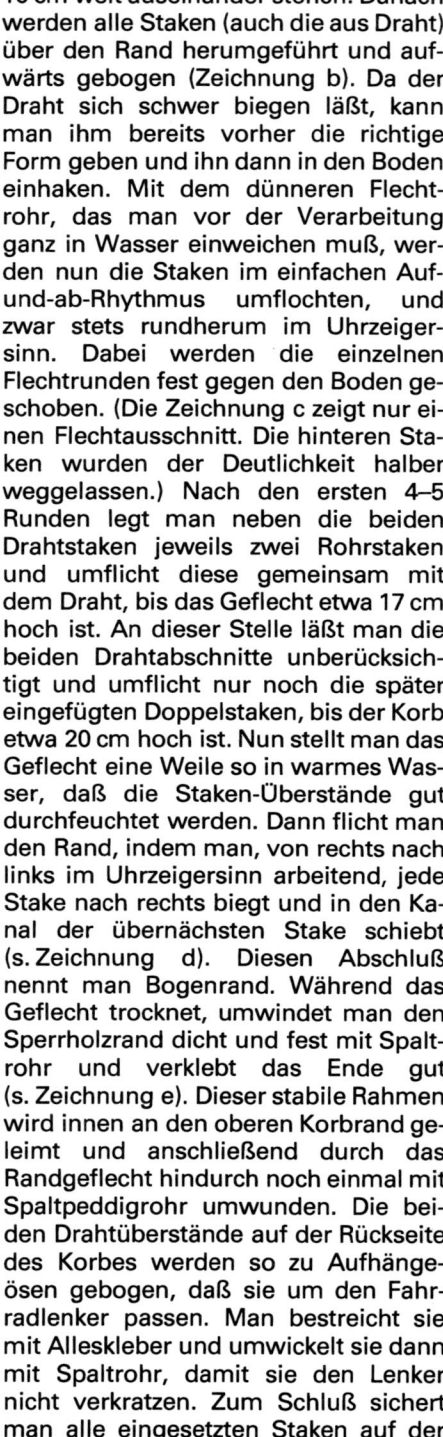

d

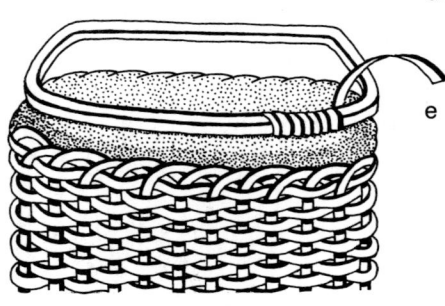

e

10 cm weit auseinander stehen. Danach werden alle Staken (auch die aus Draht) über den Rand herumgeführt und aufwärts gebogen (Zeichnung b). Da der Draht sich schwer biegen läßt, kann man ihm bereits vorher die richtige Form geben und ihn dann in den Boden einhaken. Mit dem dünneren Flechtrohr, das man vor der Verarbeitung ganz in Wasser einweichen muß, werden nun die Staken im einfachen Auf- und-ab-Rhythmus umflochten, und zwar stets rundherum im Uhrzeigersinn. Dabei werden die einzelnen Flechtrunden fest gegen den Boden geschoben. (Die Zeichnung c zeigt nur einen Flechtausschnitt. Die hinteren Staken wurden der Deutlichkeit halber weggelassen.) Nach den ersten 4–5 Runden legt man neben die beiden Drahtstaken jeweils zwei Rohrstaken und umflicht diese gemeinsam mit dem Draht, bis das Geflecht etwa 17 cm hoch ist. An dieser Stelle läßt man die beiden Drahtabschnitte unberücksichtigt und umflicht nur noch die später eingefügten Doppelstaken, bis der Korb etwa 20 cm hoch ist. Nun stellt man das Geflecht eine Weile so in warmes Wasser, daß die Staken-Überstände gut durchfeuchtet werden. Dann flicht man den Rand, indem man, von rechts nach links im Uhrzeigersinn arbeitend, jede Stake nach rechts biegt und in den Kanal der übernächsten Stake schiebt (s. Zeichnung d). Diesen Abschluß nennt man Bogenrand. Während das Geflecht trocknet, umwindet man den Sperrholzrand dicht und fest mit Spaltrohr und verklebt das Ende gut (s. Zeichnung e). Dieser stabile Rahmen wird innen an den oberen Korbrand geleimt und anschließend durch das Randgeflecht hindurch noch einmal mit Spaltpeddigrohr umwunden. Die beiden Drahtüberstände auf der Rückseite des Korbes werden so zu Aufhängeösen gebogen, daß sie um den Fahrradlenker passen. Man bestreicht sie mit Alleskleber und umwickelt sie dann mit Spaltrohr, damit sie den Lenker nicht verkratzen. Zum Schluß sichert man alle eingesetzten Staken auf der Boden-Unterseite mit einem Tupfer Alleskleber.

Bade-Set aus Sisal

Die Matte und das Massageband auf dem Foto rechts wurden aus Sisalschnur, wie man sie für Pakete benutzt, gehäkelt. Eine Arbeit, die schnell fertig ist. Der Handschuh wurde aus dünnerem Sisalgarn gestrickt. Gehäkelt würde er zu starr werden

Das Badeset, das aus gedrehter Sisalschnur gearbeitet wird, besteht aus einer oval gehäkelten Matte, einem gehäkelten Massageband und einem Massagehandschuh, den man stricken oder häkeln kann. Da das Material rauh ist, sollte man bei der Arbeit an der Hand, die den Arbeitsfaden führt, einen Handschuh tragen. Die Stärke der Arbeitsnadeln richtet sich nach der Garnstärke. Für die Häkelarbeiten vom Modellfoto rechts wurde Häkelnadel Nr. 9 verwendet.

Ovale Matte: Man beginnt mit einer Reihe aus 20 Luftmaschen, wendet dann und häkelt die Rückreihe in festen Maschen. Am Ende der Rückreihe wird nicht gewendet, sondern man macht in die Endmasche der Luftmaschenreihe drei feste Maschen und häkelt auf der anderen Seite der Anschlagreihe zurück, so daß eine Runde entsteht. Man fährt fort mit einfachen Stäbchen, immer rundherum, so daß sich allmählich ein Oval bildet. Dabei gibt man bei jeder Runde an den Bögen der beiden Schmalseiten so viele Stäbchen zu, daß sich eine Rundung ergibt, die sich weder wellt noch spannt. Die Maschenzugabe erfolgt jeweils durch Häkeln zweier Stäbchen aus einer Masche der Vorrunde. Keine Luftmaschen machen, das ergibt häßliche Löcher. Ist die Matte groß genug (die auf dem Foto mißt ohne Rand 63 × 26 cm), häkelt man eine Runde aus Stäbchen und Luftmaschen im Wechsel, wobei man mit der Luftmasche jeweils eine Masche der Vorrunde übergeht. Als Abschlußrunde arbeitet man Bögen aus jeweils drei Luftmaschen. Der Endfaden wird mit Zwirn umwickelt und gut an der Häkelei festgenäht.

Massageband: Mit Häkelnadel Nr. 9 schlägt man 20 Luftmaschen an und schließt sie zum Ring. Dann häkelt man in den Ring 9 feste Maschen, wendet mit einer Luftmasche und häkelt nun weiter jeweils 9 feste Maschen in Hin- und Rückreihen, bis das Massageband die gewünschte Länge hat (beim Modell sind es 40 Reihen). Im Anschluß an die letzte Reihe häkelt man 11 Luftmaschen, führt die Luftmaschenkette im Bogen zum Reihenanfang und näht sie dort fest (Ende mit Zwirn umwickeln).

Massagehandschuh: Damit der Handschuh nicht zu plump wird, ist es ratsam, ihn aus dünnerem Sisalmaterial zu stricken. Für den Handschuh vom Foto rechts wurden Stricknadeln Nr. 5 verwendet. Man strickt den Handschuh nicht in Runden, sondern arbeitet zunächst ein 24 × 24 cm großes Quadrat. Die ersten 8 Reihen, die den Bund bilden, werden im Rippenmuster (1 M. links, 1 M. rechts im Wechsel) gearbeitet. Dann strickt man weiter Rechtsmaschen in Hin- und Rückreihen. Für den Daumen strickt man ein 8 × 8 cm großes Quadrat nur rechts. Sind beide Teile fertig, legt man das große Quadrat doppelt zusammen und näht die offene Nahtseite am Bund beginnend zu. Dabei läßt man an der Übergangsstelle vom Rippenmuster zu den Rechtsmaschen einen 4 cm langen Schlitz offen, in den man später den ebenfalls doppelt gelegten und zusammengenähten Daumen einnäht. Zum Schluß werden die Maschen an der oberen Öffnung zusammengezogen. Der Endfaden muß sorgfältig vernäht und mit Zwirn umwickelt werden.

Möchte man einen Handschuh häkeln, sollte man eine noch feinere Garnqualität wählen. Die Maßangaben verändern sich nicht.

Die Gelb-, Gold- und Brauntöne dieses gewebten und geknüpften Teppichs wurden mit Pflanzenfarben eingefärbt. Zum Weben genügte ein einfacher breiter Schulwebrahmen ohne Schäfte und Zusatzeinrichtungen

Sand und Steine

Mit Füßen getreten

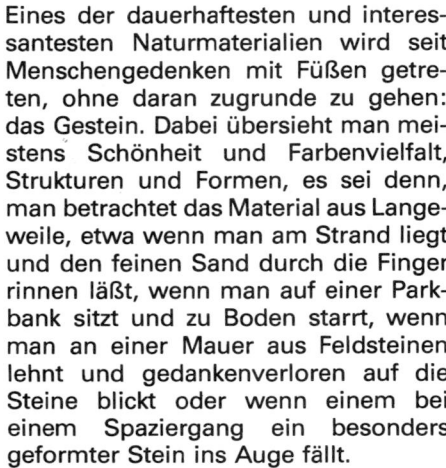

Strände, Fluß- und Seeufer, Geröllhalden, Felder, Kiesgruben und Steinbrüche bieten Steinfreunden genügend Anschauungsmaterial. Besonders interessante Stücke sollte man sammeln. Das Material auf dem Foto rechts wurde an der Ostsee und auf dem Hof einer stillgelegten Ziegelei gefunden

Eines der dauerhaftesten und interessantesten Naturmaterialien wird seit Menschengedenken mit Füßen getreten, ohne daran zugrunde zu gehen: das Gestein. Dabei übersieht man meistens Schönheit und Farbenvielfalt, Strukturen und Formen, es sei denn, man betrachtet das Material aus Langeweile, etwa wenn man am Strand liegt und den feinen Sand durch die Finger rinnen läßt, wenn man auf einer Parkbank sitzt und zu Boden starrt, wenn man an einer Mauer aus Feldsteinen lehnt und gedankenverloren auf die Steine blickt oder wenn einem bei einem Spaziergang ein besonders geformter Stein ins Auge fällt.

Steine sind ein faszinierendes Naturprodukt – Mosaikkünstler wissen das besonders zu schätzen – und man sollte sich ihnen gelegentlich bei Spaziergängen und auf Ausflügen intensiv widmen. Man findet sie überall: an Flußufern und Feldrainen, auf Landstraßen und Waldwegen, an Seen und am Meer, in Kiesgruben und Steinbrüchen, im Gebirge und in Tälern – man muß nur mit offenen Augen durch die Welt gehen. Am häufigsten findet man Uferkiesel und Feldsteine in seiner nächsten Umgebung. Man kann sich aber auch über besondere Gesteinsarten an dem ins Auge gefaßten Urlaubsort informieren, um dann einen gezielten Sammel- und Betrachtungstag einzulegen. Das alles muß man nicht gerade mit wissenschaftlichem Ernst betreiben, aber die Beschäftigung mit diesem spröden Material kann ein Gewinn für alle Beteiligten sein. Es ist selbstverständlich, daß man auf Privatgrundstücken (Kieswerken, Seeufern) die Sammelerlaubnis des Besitzers einholen sollte, die wohl auch kaum verwehrt wird. Wer

mehr wissen möchte, nimmt einen kleinen Hammer mit auf die Exkursion: viele grau erscheinende Steine haben ein farbintensives Innenleben. So lernt man ganz nebenbei auch etwas über die Härte der Steine und gewinnt vielleicht ein ganz neues Verhältnis zu den Werken der alten Steinbildhauer.

Grundsätzlich teilen Geologen das Gestein in drei Hauptgruppen ein: magmatisches, sedimentäres und metamorphisches Gestein. Zur Gruppe des magmatischen Gesteins gehören unter anderem: Granit, Grünstein, Basalt und Bimsstein. Sandstein, Kalkstein, Tonschiefer, Kiesel und Steinkohle zählen zur Gruppe der Sedimentärgesteine, während Schieferstein, Marmor, Quarzfels und Granit-Gneis dem metamorphischen Gestein zugerechnet werden. Das alles interessiert aber wohl nur Hobby-Geologen, die sich sicher auch mit der Entstehungsgeschichte der Gesteinsarten auseinandersetzen. Wer nur Steine um ihrer Schönheit und Vielfalt willen sammelt, braucht das alles nicht zu wissen. Nur eines sei noch bemerkt: man findet bei Gestein eine unglaubliche Palette von Farbnuancen, aber niemals ein reines Blau. Selbst der sogenannte blaue Basalt ist eher anthrazitfarben mit einem Blauschimmer. Hier ist selbstverständlich nur von einfachem Gestein, nicht von Edelsteinen die Rede.

Wer Steine sammeln möchte, sollte sich mit einem Beutel aus kräftigem Jute- oder Segeltuchmaterial auf den Weg machen und seinen Ausflug so einrichten, daß der Rückweg mit vollem Beutel nicht allzu weit ist, denn eine alte Regel sagt: „Aller Anfang ist schwer, nur das Steinsammeln nicht".

Um Marmorsand wie auf dem Foto rechts herzustellen, braucht man viele verschiedene Natursand-Töne. Man kann den Sand aber auch, wie auf dem Foto unten gezeigt, mit verdünnten Wasserfarben behandeln

Marmorsand

Marmorsand-Gläser sind ohne großen Aufwand herzustellen. Schön ist es, wenn man einen Glassturz mit runder Kuppel besorgen kann, der mit einem Brettchen oder einer Korkscheibe verschlossen wird. Es geht auch mit einer weithalsigen Flasche. Am schönsten wird der Marmor, wenn man ihn aus vielen verschiedenen Natursand-Tönen zusammenstellt. Sand läßt sich aber auch mit stark verdünnten Wasserfarben einfärben. Der gefärbte Sand wird zum Trocknen auf saugfähige Papierlagen geschüttet. Man kann den Trockenprozeß durch Backofenwärme beschleunigen. Bevor man die einzelnen Farbschichten in das Glas füllt, muß der Sand absolut trocken sein. Vor dem Einfüllen wird der Glassturz so auf einen Kartonring gestellt, daß er genau

senkrecht steht. Innen hängt man um die Glaswandung verteilt Fäden hinein (über den Rand), an deren Enden erbsengroße Perlen befestigt sind. Nun werden die einzelnen Sandschichten vorsichtig mit einem Löffel eingefüllt, bis das Glas randvoll ist. Dann zieht man die Perlenfäden langsam heraus. Durch die so entstehenden Gassen rinnt der Sand abwärts (s. Zeichnungen unten). Zum Schluß füllt man noch einmal Sand nach, damit das Gefäß wirklich randvoll ist. Dann säubert man den Glasrand und klebt den Deckel (Holz- oder Korkscheibe) drauf. Nun kann das Glas gestürzt werden. Bei einer Flasche braucht man nur einen Verschluß draufzusetzen. Hier darf der Sand nicht bis zum Rand reichen.

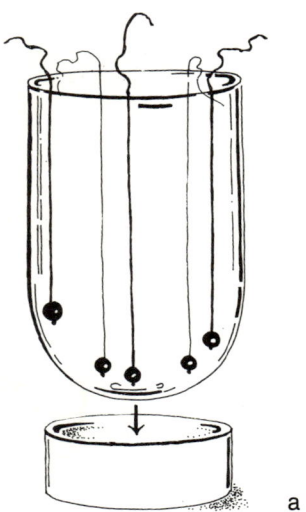

a

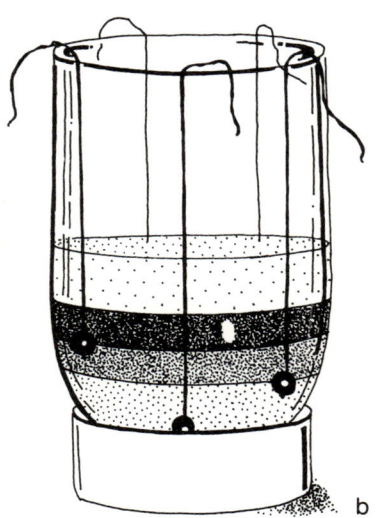

b

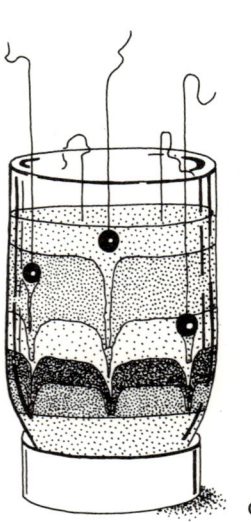

c

Halsschmuck mit echten Steinen

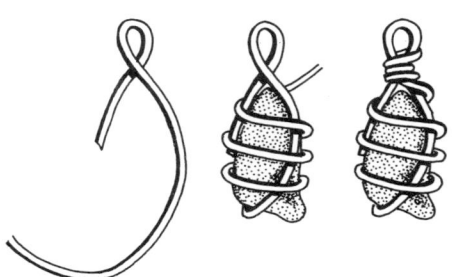

Fachleute schmunzeln, wenn Kunden gelegentlich fragen, ob dieser oder jener Stein echt sei. Echt sind nämlich alle Steine (sonst wären es ja keine), die Frage ist nur, ob der echte Stein auch ein Edelstein ist. Also sind auch die hier gezeigten Steine echte Schmucksteine. Sicher sind sie nicht besonders wertvoll, dafür aber selbst gesammelt und bearbeitet.

Es ist für einen Laien sehr schwierig, stumpfe Steine zu polieren und sie so auf Hochglanz zu bringen. Andererseits bringt jedoch eine glänzende Oberfläche die Farben erst richtig zum Leuchten. Abgesehen davon würde ein rauher Stein die Kleidung leicht beschädigen. Was ist also zu tun? Hier ein Kompromißvorschlag: Wer eine Heimwerkermaschine hat, schleift mit feinkörniger Scheibe die Unebenheiten des Schmucksteins ab und poliert mit feiner Scheuermilch und anschließend mit Polierpaste (eigentlich für Gießharz gedacht) nach. Die Steine auf dem Foto links wurden so bearbeitet. Ohne Heimwerkermaschine ist der Weg mühsamer. Man legt mehrere Steine zugleich (das ist rationeller und bringt bessere Ergebnisse) in ein verschließbares Gefäß und füllt einen Brei aus Wasser und Sand hinein. Das Gefäß sollte etwa zu einem Drittel gefüllt sein. Dann verschließt man das Gefäß und schüttelt es kräftig mehrere Stunden lang! Am besten schüttelt man es so ganz nebenbei, wenn man wartet, wenn man fernsieht, wenn man länger telefoniert o. ä. Anschließend schüttet man den Brei weg, spült die Steine ab und wiederholt die ganze Prozedur mit feinerem Sand, danach noch einmal mit Scheuermilch. Zum Schluß reibt man die Steine mit einem Gießharz-Poliermittel ein und

putzt sie blank. Wer auch diese Methode der Steinveredelung ablehnt, kann seine Steine mit Sandpapier in verschiedenen Körnungen von grob bis fein abschleifen, sie sauber abspülen und nach dem Trocknen mit farblosem Hochglanzlack behandeln.

Die Steine für die beiden Messing-Halsreifen vom Foto rechts werden einfach in polierten Messingdraht (man kann ihn im Hobbyhandel kaufen) so eingewickelt, wie es die Phasen der Zeichnung links zeigen. Der Halsreifen mit hängendem Stein hat hinten einen Hakverschluß. Bei dem anderen Halsreifen bildet der Schmuckstein den Verschluß. Er hat zwei Ösen, in die die Enden des Reifens gehakt werden.

Die Steine, die an dem Lederband hängen, wurden mit Aufhängern versehen, deren Ösen in blütenförmigen Metallkrallen sitzen. Man kann solche Mechaniken fertig im Hobbyhandel und in Warenhäusern kaufen. Sie werden mit einem Zweikomponenten-Kleber befestigt. Der fast schwarze Kieselstein ganz rechts auf dem Foto war von Natur aus glatt und schön. Er wurde weder geschliffen noch poliert, dafür aber mit Künstler-Ölfarben bemalt.

Es müssen, wie man hier sieht, nicht immer kostspielige Steine sein, mit denen man sich schmückt. Auch ein schlichter kleiner Findling kann für seinen Besitzer großen Wert haben, vor allem, wenn sich damit eine besondere Erinnerung verbindet.

Die Zeichnung links zeigt, wie ein Stein in Messingdraht eingewickelt wird, um als Kettenanhänger – wie auf dem Foto darüber – zu glänzen

Gartenbank mit Feldstein-Sockeln

Zunächst müssen einmal viele Feldsteine gesammelt und an den späteren Standort der Bank transportiert werden. Man braucht große Feldsteine mit mindestens zwei möglichst ebenen Flächen für die Ecken, mittlere Steine zum Aufbau und kleine Steine zum Ausfüllen der Zwischenräume. Zwei Schubkarren voll Steinmaterial werden mindestens benötigt, wenn die Bank eine Sitzhöhe von 40 cm haben soll. Für den Sitz besorgt man sich zwei sogenannte „Schwarten" aus einer Tischlerei oder Sägerei, die 110 cm lang sein sollten. Breite: ca. 20 cm je Brett. Die Bretter werden in ihrer natürlichen Form belassen, lediglich Unebenheiten und allzu dünne Kantenausläufe werden mit Säge, Holzraspel und Schleifpapier bearbeitet. Außer den Brettern braucht man noch 8 verzinkte Schlüsselschrauben, je 8 × 80 mm oder 8 × 100 mm (je nach Brettstärke) und dazugehörige Belegscheiben aus Zink, Messing oder Kunststoff, sowie 8 passende Kunststoffdübel. Als Bindemittel für die Steine mischt man einen Mörtel aus 1 Teil Zement, 3 Teilen Sand und Wasser. Der Mörtel für das Fundament wird aus 1 Teil Zement und 4 Teilen Sand gemischt. Für die beiden Sockel hebt man das Erdreich etwa spatentief aus und sticht zwei Rechtecke von je 25 × 45 cm ab. Die Rechtecke stehen 40 cm weit auseinander, mit den Schmalseiten (25 cm) nach vorn zeigend. In die ausgehobenen Rechtecke füllt man nun Zementmörtel ein, dem man zum Füllen kleinere Steine und Kies beigibt. Bevor man weiter arbeitet, muß der Mörtel des Fundaments abgebunden haben. Anschließend beginnt die Maurerarbeit. Die Feldsteine mit den geraden Flächen bilden jeweils die Ecken der

Sockel. Man gibt reichlich Zementmörtel mit der Kelle an und setzt den Stein auf. Der Mörtel darf nicht zu feucht sein, damit das Mauerwerk nicht rutscht, andererseits darf er aber nicht so trocken sein, daß er bröckelt. Arbeitet man an einem besonders heißen Tag oder in der prallen Sonne, feuchtet man auch die Steine während der Arbeit gut an. Es ist ratsam, beide Sockel zur gleichen Zeit zu mauern, weil man dadurch das vorhandene gute und weniger gute Steinmaterial gleichmäßig verteilen kann und auch mehr Einsatzmöglichkeiten für die verschiedenen Steinformen und -größen hat. Mit einer Wasserwaage prüft man, ob die Sockel genau senkrecht stehen, mit dem Zollstock, ob der Abstand zwischen den Sockeln gleichbleibend ist. Höhendifferenzen werden zwischendurch immer wieder durch das Einfügen kleinerer Steine und Angeben von Mörtel ausgeglichen. Sind die Sockel beide gleich hoch (40 cm), bringt man als Abschluß ein jeweils 4 cm hohes Zementband auf, das ist ein glatter breiter Streifen, der rundherum einige Zentimeter kleiner ist als die Sokelfläche. In diese beiden Zementbänder drückt man je vier Dübel ein, in denen später die Sitzbretter verschraubt werden. Anschließend werden mit etwas dünner angerührtem Mörtel die Fugen so ausgestrichen, daß sie fast bündig mit den Steinen verlaufen. Nun muß das Mauerwerk einige Tage ruhen. Danach reinigt man die Steine mit technischer Salzsäure (1 : 3 verdünnen) und einer harten Bürste, damit Mörtelschleier entfernt und die Steine schön sauber werden. Bei warmer Witterung muß das Mauerwerk in den ersten Tagen mehrmals angefeuchtet werden, denn der Mörtel soll

nicht vertrocknen, sondern langsam abbinden. Inzwischen überträgt man die Abstände der Dübel auf die Bretter und durchbohrt sie der Schraubenstärke entsprechend. Dann schraubt man die Bretter fest, wobei man die Scheiben zwischen Brettern und Zementbändern mitfaßt.

Hat man erst einmal genügend Steine herbeigeschafft, ist das Mauern zweier Sockel für eine Sitzbank im Freien nicht schwierig. Wie die fertige Bank aussieht, wird auf der folgenden Seite gezeigt

So schön kann eine Sitzbank im Freien aussehen, wenn man die Sockel aus Feldsteinen gemauert und für den Sitz naturbelassene Schwartenbretter verwendet hat. Die Bretter sitzen etwas erhöht auf sogenannten Zementbändern, damit sie gut ablüften und nicht verfaulen

Bevor man die Bretter befestigt, müssen sie mit einem Holzschutzmittel behandelt werden, sonst faulen sie schnell. Man sollte dazu ein umweltfreundliches, ungiftiges Präparat wählen (vor dem Kauf auf dem Etikett die Zusammensetzung studieren und im Zweifelsfall nachfragen).

Das Holz wird auf beiden Seiten und besonders an den Schnittkanten und Bohrlöchern gestrichen, nach dem Einziehen des Mittels noch einmal und – wiederum nach dem Trocknen – ein drittes Mal.

Die Anstriche sollen dünn und gleichmäßig sein. Man kann die Wirkung des Holzschutzmittels nicht durch einen satten Anstrich erhöhen. Zu bemerken sei noch, daß man möglichst im Freien arbeiten sollte. Es ist ratsam, die Sitzbretter der Bank alljährlich im Herbst abzuschrauben und sie den Winter über drinnen unterzubringen. Zumindest sollte man den Schutzanstrich von Zeit zu Zeit wiederholen, damit man lange Freude an einer Natursteinbank hat.

Ravensburger Ideenbücher

Yvonne Deutsch
Flechten
Mit Peddigrohr, Binsen und Stroh.
Aus dem Englischen übertragen von
Ruth Lachenmann.
144 Seiten mit 71 farbigen Fotos und
48 Zeichnungen. Format 21 × 25 cm.
Pappband.

Alison Louw
Kuscheltiere und Puppen
Schnittmuster und Dekorvorschläge
für drei Dutzend Spielsachen.
72 Seiten mit 37 Farbfotos und
73 Zeichnungen.
Format 21 × 25 cm. Pappband.

Sue Simmons
Schmuck zum Selbermachen
Aus dem Englischen übersetzt von
Irmgard Kneißler.
136 Seiten mit 98 Farbfotos,
55 Farbzeichnungen.
Format 21 × 25 cm. Pappband. .

Yvonne Deutsch
Weben und Spinnen
Aus dem Englischen übertragen von
Angelika Feilhauer.
144 Seiten mit 93 farbigen Fotos und
99 Zeichnungen.
Format 21 × 25 cm. Pappband.

Martyn Thomas
Bargello
Florentiner Stickerei.
72 Seiten mit 50 Farbfotos und 85 teils
farbigen Zeichnungen.
Format 21 × 25 cm. Pappband.

Gerda Bengtsson
Kreuzstichbilder
Kräuter und Wildpflanzen.
Aus dem Dänischen von Dr. Lars
Scholl.
64 Seiten mit 28 Farbfotos und 27 s/w
Zeichnungen.
Format 21 × 25 cm. Pappband.

Ravensburger Ideenbücher

Linda Newton
Metall- und Emailarbeiten
Aus dem Englischen von Renate Maßat.
137 Seiten mit 158 farbigen Zeichnungen und Fotos.
Format 21 × 25 cm. Pappband.

Liz Goodman/Susan Joiner
Kreatives Patchwork
Einführung in die Technik. Ideen für Muster und Modelle.
96 Seiten mit 52 Farbfotos und 180 meist farbigen Zeichnungen.
Format 21 × 25 cm. Pappband.

Thomas Browne
Färben und Drucken
Aus dem Englischen übertragen von Angelika Feilhauer.
144 Seiten mit 143 farbigen Fotos und 42 Zeichnungen.
Format 21 × 25 cm. Pappband.

Sarah Parr
Töpfern
Aus dem Englischen übertragen von Uwe Lindemann.
144 Seiten mit 269 farbigen Fotos und 7 Zeichnungen.
Format 21 × 25 cm. Pappband.

Moyna McWilliam/Dorothy Shipman
Basteln mit Blumen, Blättern und Gräsern
Wie man Pflanzen konserviert und auf vielerlei Weise arrangiert.
72 Seiten mit 75 Farbfotos und 26 Zeichnungen.
Format 21 × 25 cm. Pappband.

Donald Clarke
Holzarbeiten
Aus dem Englischen von Irmgard Kneißler.
137 Seiten mit 173 farbigen Zeichnungen und Fotos.
Format 21 × 25 cm. Pappband.